世界著名跳蚤市場
Exploring the World Famous Flea & Antique Markets
與古董市集

莊仲平 著　🄰藝術家 出版

U0030876

世界著名跳蚤市場
Exploring the World Famous Flea & Antique Markets
與 古董市集　目 Contents 次

序 ✚ 行旅市集中，覓尋文物樂

　　1970年代初，台北的古董市場其一集中於現今已拆除的中華商場；因為離我工作、居住地點很近，時常下班後順道逛逛，不久養成興趣。當時中華商場的古董舖分工已細，書畫、陶瓷、文玩、木雕、雜項、郵票古錢及原住民工藝等，各有專營。我最注意的則是「民藝品」，有時看到店裡滿坑滿谷的交趾陶、布袋戲偶，都是從廟宇、戲台淘汰下來的，不像現在為了擺飾或欣賞的新製作品，而且絕多台灣本地產物；例外的是有一陣子大概皮影戲偶受歡迎，所以跟當時流行的印尼油畫一樣，竟也出現印尼皮影戲偶。過了十幾、二十年，大陸產品逐漸流入，而有「魚目混珠」的現象，此時台灣民藝品已成了公私文物館蒐集的對象了。

　　後來我的路線更及萬華龍山寺前商場、光華商場，甚至沿老街尋寶，最後到敢開口問人家門口擺的粗陶甕賣不賣的地步；見中藥店裡的舊藥罐，我則動之以情，説身為學生，需要做研究之用（有兩年我上班兼讀藝術研究所），可否讓售一個？居然也能達到目的。於是如火如荼，足跡踏出台北市區，如大溪、三峽、新竹、嘉義、台南，當然故鄉高雄不在話下，只要打聽有古董市集的所在，多不錯過；只是興趣歸興趣，當時年輕也工作不久，收入有限，下手無法太重，即使光用眼睛瞧瞧也能滿足。

　　1976至1977年間，我有機會遊學日本京都，每個月21日東寺的「弘法市」，25日北野天滿宮的「天滿市」，是定期的古董市集，自不錯過。京都骨董市集多為日本文物，但也曾見堆滿台灣舊神像的攤位；還有一位同宿舍的外國朋友，特地從市集買來一件破舊的孔子七十六代孫的字軸送我；也有一次在舊書市集看到數量多到驚人的大陸書畫扇面（抽掉扇骨，隨便襯個底），不經意地堆在牆角，其中不乏名家作品，

比較今天的行情，價格便宜到不行，原來都是文革期間落難流入日本的。但最近我翻閱中國書畫拍賣目錄，見到彷彿有些熟悉的面影，難道是風水輪流轉，又回流了？而對照本書提到現今大陸人紛紛赴日搜寶，恐怕已慢了一步，流落日本的早已被掏空了！

我覺得這些市集有一種文化底蘊吸引著我，於是每回出國旅遊，有機會總不放過逛古董市集、跳蚤市場的機會，看看稀奇古怪或溫習一下自己熟悉的東西，增長見識。例如一種購自中藥店的舊藥罐，寬口綠釉，南部原住民也做為傳家寶，並以器表刻花來定其等級，一般民藝界以為廣東出產，謂之「廣窯」，但我在泰國曼谷古董舖卻多有所見，於是心中存疑；近日則有荷人證明其為泰國出產，謂起於荷蘭人1602年所成立的荷蘭東印度公司在泰國燒製的青陶甕，稱為「荷蘭甕」；內裝棕櫚油，運到台灣台南，再轉運到南部山區的原住民部落，以物易物換取鹿皮。

本書作者即舍弟仲平，自幼就有美術天份，小學時繪畫頻頻得獎，還會用粉筆雕刻人物，有模有樣（而我一試便碎），工藝才能早已顯現。後來他卻選擇讀機械科目，畢業後工作也與工程相關。但藝術的細胞卻一直呼喚著他。早早退休後，即執筆作畫，蒔花植木，研究與製作小提琴，寫了《提琴的祕密》與《提琴之愛》二書，一版再版；此外，他對古董同時有多年的興趣與涉獵，尋寶足跡遍及國內外，竟然也以此為寫作志業，看他本書所寫的內容及文筆，既有趣又有內涵，更可以做為專題旅遊的指南。

藝術家出版社為仲平出版這本書，邀我寫序，料非兄弟之情，想因我也有過同樣的心得吧。趣味的生活可以培養，讀者朋友是否同意？

洪伯和

前言 ✚ 收藏的人是幸福的

　　近年來，旅行與逛跳蚤市場成為熱門主題，多彩多姿的見聞與收穫，常增添不少生活情趣。筆者篤嗜旅行與古物，因工程派遣與休閒觀光，常行旅世界各國大小城鎮，在旅途中，最吸引我的是跳蚤市場。很幸運的，每到一個國家，總是因緣際會巧遇跳蚤市場或古董市集。我發現各國城市都有跳蚤市場的存在，有的是天天開業，有的是假日才舉行，世界總是有那麼多愛逛市集的人，跳蚤市場可謂國際城市間共通的語言。因筆者多年逛市集與收藏之體驗，故思著錄，分享予讀者同好。

　　收藏實為人類之高尚文明，收藏的人是幸福的。明朝董其昌說，只有賢者知道欣賞古董，古董不但可以去病延年，還可以收斂性情，避免沉溺於聲色放縱。簡單的說，在跳蚤市集以少許金錢買來之物，既可消遣，怡情養性，復可增添居家擺設。

　　愛好古董的並非全是嗜古人士，據古董店老闆說，跳蚤市場或古董市集的常客，除了收藏家之外，大多是設計師、創意工作者及藝術家，他們經常從老舊的文物中尋找靈感。時尚法則的名言即說：「最新的東西，就在徹底落伍的老東西裡。」英國時尚人士對舊時代服飾，絕不說二手貨，而用Vintage一詞，以對其文化價值表示推崇。

　　其實跳蚤市場與古董市集很難區分，在跳蚤市場有可能尋得古董珍寶；而古董市集的物件不見得樣樣古老。正如今之古董，既無確切的定義，又無一定之範疇。一件老器物，有人稱之為古董，也有人鄙視為舊物或二手貨。通常跳蚤市場或古董市集之物，較之於古董店便宜很多，是可以親近與擁有的，又常令人有意外獲得的欣喜。看到這些充滿歲月痕跡、設計精巧、手藝優美的古董，每每讓我空虛的心靈為之一振。在

繁忙的生活與艱澀的人生中，有了期待；因為物件的擁有，使工作的辛苦有了代價，所以我各處尋覓古董，心靈也因此得以充實。

貨物交易市集自古有之，中國最古老的文獻《周易》有「日中為市」名詞，之後的漢朝，那也是遠在二千年前，就出現了二手書籍與文物買賣的定期市集「槐市」。史書記載倉之北為槐市，在一列有數百棵槐樹的街道上，露天無牆與無屋，每月初一及十五，書生在此聚會擺攤，各人拿出有意出讓的經傳書籍及笙磬樂器，大家互相選購買賣。

至於近代「跳蚤市場」一詞，其由來並沒有十分確切的說法，但至少有三個常見的出處：第一個廣為流傳的說法，從法文跳蚤市場「Marchè aux Puces」的直譯而來，據說中世紀晚期，有個位於巴黎聖母院旁的大型市集，專賣王公貴族淘汰的舊衣。在一場跳蚤之災橫肆後，舊貨商遷往巴黎北邊的聖湍，被人稱為跳蚤市場。第二項推測，在19世紀後半葉，巴黎市長奧斯曼對巴黎進行現代化更新，許多舊街道被拆除，因此街上的舊貨商紛紛「走避」，即英文的flee與法文的fuir之意。而第三種推論，據一位女性語言學者研究，大約1816年，在紐約曼哈頓荷裔移民有個谷地市場「vlie markt」，而這個荷蘭文vlie的發音和英文的跳蚤flea雷同，於是由谷地市場轉變為跳蚤市場。不管名稱如何，本書所介紹的跳蚤市場，大多是世界知名，內容豐富又精彩之寶庫，而非二手日用品充斥之市集。

本書之完成，均由實地親訪、個人見聞並佐以參考資料，然古董知識浩如煙海，一生難企及周詳，謬誤自知非淺，尚望批評指正。在此特感謝莊伯和先生為之序文，鄭亞拿小姐與王庭玫小姐之修校與編輯。

9

世界著名跳蚤市場
Exploring the World Famous Flea & Antique Markets
與古董市集
［ 英國 ］

約克郡

上威河鎮

倫敦

倫敦的古董市集 ◈
──雅好古物收藏的英倫人

> 倫敦的古董店是獨一無二的,每次去都會發現不同的東西,古董店總是如此地新奇與新鮮。來!我們去古董店找尋藏在角落裡的珍寶!

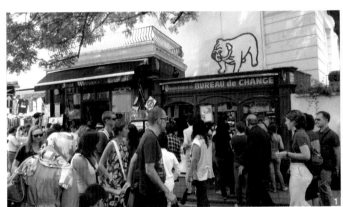

1 波特貝露市集聲名遠播,總是人潮洶湧。**2** 波特貝露的古董銀器店,件件擦得雪亮。

　　根據英國文化媒體委員會的報告,英國的藝術及古董市場總價值估計約為42億英鎊,藝術與古董各佔一半,為歐洲之首。

　　英國人對於老東西,總有著一份微妙的感情,甚至可說到了狂熱的程度,在倫敦這股戀舊狂潮歷久不衰。走在倫敦街頭,幾步就是專賣舊東西、老古董的店面,賣古董舊物的商場超過二十多個,逛古董市場在倫敦人心目中佔極重要的位置,時尚服飾設計師或居家裝潢設計家更常到古董市場尋找靈感。

　　有位倫敦嗜古同好說:「倫敦的古董店是獨一無二的,每次都會發現不同的東西,古董店總是如此地新奇與新鮮。來!我們去古董店找藏在角落裡的珍寶。」另一位朋友提起古董就眼睛發亮,興奮地說:「古董商場比阿拉丁的寶窟還精采,逛古董市場是最令人愉快的一天,古董店的獨特性及議價樂趣是其他商店比不上的。」

　　倫敦眾多的古董市集中,最有歷史與名氣的就是波特貝露,此外還有伯曼斯、肯頓與格林威治市集。而全英國最大的古董市集就屬倫敦附近的紐渥克。

1 波特貝露的室內古董商場甚大，其出入口卻不大。**2** 波特貝露的古董雕像店，本店以新藝術風格見長。**3** 伯曼斯古董市集，座落在一個露天廣場上。**4** 伯曼斯古董市集的徽章店攤，老闆兀自閱報。**5** 伯曼斯古董市集歷史悠久，天色微亮即開市營業。**6** 伯曼斯古董市集的銀器攤，銀器為本市場最專業的項目。

別有洞天的波特貝露（Portobello）市場

波特貝露市場在倫敦市中心，知名度高，交通又方便，慕名而來的遊客蜂擁而至。過去這裡是個農莊，聚集著販賣藥草及馬兒的吉普賽人，因此還是個頗有歷史的市場。

波特貝露市場最有名的是櫛比鱗次的露天攤，攤位擺在波特貝露路的兩旁，攤位後面則是商店，有古董、舊服飾、二手貨等各類貨品，號稱應有盡有。其古董區在奇普史托別墅巷（Chepstow Villas）及愛爾金克雷森巷（Elgin Crescen）之間，長約一公里，還包括附近的巷道也都有古董店。每週六來自本國與外國的遊客擠滿了市場，多年來總是人潮洶湧，非常之熱鬧，有人形容此地充滿了生氣、有著快節奏、具原始風味、多元化及富有民族色彩。

然而，近年市況大有改變，雖然熱鬧依舊人群仍多，但街頭的攤位變少，等級變差了，儘賣些廉價手工藝新品，又增加了好些街頭藝人，有遊樂觀光區化的趨勢。而古董商們則轉進攤後商店內，這些古董商店門面雖小，但走進去後另有天地，店內空間很大，包容了數十家古董小店，事實上是個古董商場，在波特貝露，像這樣的古董商場就有好幾座。這樣也好，到波特貝露逛街的人大多是愛熱鬧的年輕人，他們對古董沒興趣，不會踏進店內。而不辭辛苦走進店內的，自然是古董愛好者，這些真正的嗜古者在店內可以悠閒地尋寶，不用跟一群人推擠，自然而然地區隔了市場。只是初到此尋寶的客人，可別因店面小而過門不入。街頭攤位只在星期六擺設，但古董商場每週開店六天，有時候古董店主不在店，就是外出尋貨了，平常時間，這區域是個相當寧靜的住商區。

儘管街道充斥著廉價的觀光藝品，波特貝露古董商場內的古董等級相當不錯，種類又多，家具、石雕、銅雕等大件古董也俱全，總算維持著倫敦大都會大市場的名望。

在英國從事古董或跳蚤市集生意的大多是老人家，老太太又比老先生多，她們一副華髮蓬鬆、滿臉皺紋的和善模樣，她們平日照顧一個攤子，賣些首飾之類的小古董、小東西，不費體力，又有足夠的時間及耐心，可以仔細地看貨。她們對這些小首飾如數家珍，原本不起眼的東西，在她們手上顯現出維多利亞時代的風采，她們的歲月似乎與小古董同在。這些老店家自年輕時代就是古董迷，培養了古董方面的知識與能力，待年老退休時，正好轉行從事古董行業，把從前的收藏拿出來變賣。所以一個人若能把休閒與嗜好認真地研習，將來也可以有所成就，最後把副業轉為主業。

以銀器著名的伯曼斯（Bermondsey）古董市集

倫敦南岸的伯曼斯古董市集在塔橋路（Tower Bridge Road）上，只在星期五早上六點至中午營業。我前晚住在倫敦橋北岸，一早在旅館吃完早餐後，匆匆步行走過倫敦橋。不久即遇上修道院街（Abbey Street），旁邊一片小廣場就看到有古董攤，那時雖然才早晨九點多，但已有不少攤位陸續打烊撤走，他們做的是同業批發生意，同業生意做完就收攤了。

這個市集的銀器攤佔多數，原來它向來以銀器聞名，想買古董銀器，一定要去伯曼斯，但現今市場規模日漸縮小。旁邊有一座的百餘年歷史的老蘇格蘭市場（Caledonian Market）的大建築，原是賣舊貨，但目前閒置中，貼上租售的招牌，廣場邊另一座古董商場建築，也人去樓空，只見斑駁的招牌仍在。所以倫敦歷史悠久的伯曼斯古董市場只剩下露天市集了，且只在星期五上午營業。

其實伯曼斯古董市場如此之早開市，反映了英國一項古老的法律，該法律容許倫敦幾座指定的市場包含伯曼斯，在日出後至日落前所交易的商品，法律上可免予置疑，即使贓物亦得以正名移交收購者。這項奇特的法律直到1995年才廢除，但這種天微亮摸黑交易的習慣，至今尚存在於幾個跳蚤市場。

波西米亞風的肯頓（Camden Passage）古董市集

一出Northen線地鐵的肯頓站，就是人潮洶湧萬頭攢動的場面，但大多是奇裝異服的年輕龐克族，不久一座露天市場出現在眼前，我以為這是傳說中的肯頓古董市集，但待走近，卻發現賣的盡是圖案醒目的T恤，我連看也不看一眼，繼續向前走，來到運河邊，一座有年代歷史的紅磚建築，原為古董商場The Mall Antiques Arcade，駐有三十五家專業的古董店，然而不敵日益上漲的租金壓力，去年結束營業，未來將由連鎖店或新潮服飾店進駐。

好不容易才在大馬路上街（Upper Street）的後巷，找到肯頓的古董市場，是在肯頓巷（Camden Passage）這條人行小巷裡，這條巷子尚有幾家古董店。知名的露天古董市集只在星期三及星期六早晨營業，天才剛亮就開市，知情同業才會到此批貨，以價格便宜著稱。但此地不待正午即收攤，待遊客由外地輾轉搭車到此，都已接近市場尾聲了。這個古董市集成立於1960年代，最多曾有三百五十家古董攤聚集，現今已沒落很多了。附近運河邊的馬廄市場（Stables Market）二樓為舊貨市場，算是檔次較低的二手貨。

肯頓巷外頭則是熱鬧滾滾的新潮流行市場，街頭文化的大本營，酒吧與夜店林立的搖滾世界，肯頓真是個新舊混雜的地方，但其特異氣氛，也令愛好古董的倫敦老人家卻步。

座落於歷史古蹟上的格林威治（Greenwich）古董市集

上次搭火車到格林威治，跑了一個小時才到，感覺格林威治是相當遠的地方，聽人說搭船可快些，我們這次就在倫敦塔碼頭搭快船前往，僅半小時就到格林威治，既快速又可欣賞沿岸泰晤士河風光，是最便捷的交通方式。

格林威治在倫敦東南方的泰晤士河畔，交通方便，可搭火車、巴士及快船前往，是倫敦人假日的近郊遊憩勝地，每到假日便人滿為患，幾將格林威治擠爆。格林威治市場位於鎮中心，由學院街（College Approach）、格林威治教堂街（Greenwith Church Street）、威廉國王步道（King William Walk）及納爾遜路（Nelson Road）四條馬路所圍繞，市場中間是有頂的攤位，雕花鑄鐵的頂架

甚為古典，市頂四周則為固定商店，並留有數個拱形門進出。市場成立於1700年，建築物為1830年左右，是一座具有歷史的古蹟，與格林威治海事博物館、皇家海軍學院、皇家觀測站等群組為一處世界遺產。

格林威治市場規模不大，一週營業五天，週一與週二休息，其中週四、五賣的是古董與工作室手工藝品，其手工藝品雖是新貨，但皆不俗，都是個人工作室藝術家的作品，具有相當的創造性與藝術性。街道上也有幾家古董店，其特色是海事與儀器古董，店裡有許多船舶方向盤、羅盤、望遠鏡、放大鏡、圓規、水平儀及溫度計等，都是黃銅製造，店主把它擦拭得一塵不染，整個店面都閃亮發光。

1 肯頓的街道 High Street，到處都是商場與人群。 2 肯頓的水門市場 Camden Lock Market，市場內有甚多小攤。 3 格林威治的市場指標板，擺在路島中間。 4 格林威治市場的大門之一，市場有數個出入口。 5 格林威治海事儀器古董店，黃銅製造之器物。 6 格林威治海事儀器古董店，黃銅的儀錶光鮮亮麗。

1 紐渥克古董市集,大倉庫內的攤位。 2 紐渥克古董市集,大倉庫內的攤位。 3 紐渥克古董市集露天的家具 4 紐渥克古董市集中的瓷貓,英國的貓瓷器甚多。 5 紐渥克古董市集,露天草地上的瓷器與貨拖車。 6 紐渥克古董市集中的舊式留聲機 7 紐渥克古董市集中的露天地毯攤 8 紐渥克古董市集中的古董娃娃 9 紐渥克古董市集,擺在露天草地上的瓷器。

英國最大的紐渥克(Newark)國際古董市集

英國各地經常都有古董市集,但有一個是公認規模最大的古董市集,而且是國際性的,共有四千個攤位參加,一年只舉辦六次,每次市集時間只有二天,固定在英國紐渥克(Newark)附近一個舊機場裡舉辦,距倫敦火車車程八十分鐘。想想,四千個攤位,也只有在機場這麼大的空間才足以容納。

那麼多的古董攤,攤位的擺設不一而足,有的擺在龐大的飛機維修廠及倉庫裡,有的擺在戶外帳棚裡,有的在貨車上,有的在露天桌上,更有的直接舖放在露天草地上。參展者有來自英國及歐陸各地的古董商,他們開著貨車或廂型車載著貨物前來,甚至連晚上也睡在廂車上。有些古董商販,他們沒有店面,但有輛貨車拖著旅行廂型車,他們像遊牧民族一樣,逐一參加各地的古董市集,夜晚就住在旅行車上。

參觀這個市集是要收取門票的,第一天的入場費高達台幣1000元,而第二天則降為台幣250元,第一天開市在早上五點半,天啊!要知道在英國冬天,早晨要到7點半左右天色才微亮,那麼五點半等於是半夜啦!有誰會在氣溫零度以下的半夜出來買古董的?我猜想這裡面一定暗藏玄機,想了半天,有二種人會在半夜出來買古董:

第一種是古董店老闆。

找貨源是他們的生存之道,有好貨當然半夜都要爬去搶,所謂早起的鳥兒有蟲吃,而且這個五點半的開市規則一定是他們自己定的,參展的四千個同行就地利之便,在客人來之前,自己人先互相採購一番。

第二種就是古董瘋子了。

其實,聰明人應該第一天半夜就來,才能搶到好貨,假如明年我還不傻的話,我應趕早來。全世界所有專業的跳蚤市場都是天未亮就開張,像從前台北橋下或愛國東路的跳蚤市場,勤奮的攤販也是趁著夜半,把一切布置妥當,天未亮就已萬頭竄動,動作若不勤快的話,好貨早就被眼尖的行家買走了,等到日高三竿才去的話,早已被捷足先登了。

　　我是第二天花了一千多元車費，拖著一個有輪子的空箱，從約克搭火車趕到紐渥克，我以前唸書的時候就來過一次，我深知這裡東西多又便宜，機會難得。而且我知道第二天快收攤的時候，他們就會降價求售，我還可以乘機撿便宜。

　　結果這次收穫豐碩，我買到一對法國1890年的銅雕，一座法國大型銅吊燈，還有好幾個銅壁燈，裝了三大袋子，我差點提不動，英鎊現金一下子就花光了，最後還請老闆娘帶路，去找流動銀行提款，狼狽的樣子，很像被押著去提款還債。

　　然而，回到約克之後竟發現吊燈太大了，連我的大行李箱也裝不下，不得已再去買一個特大尺寸的行李箱。我就是經常這樣，每次出國前都下定決心不準備買東西，結果每次又買了一大堆，於是必須多買個箱子運回，家裡箱子經年累月愈積愈多，若讓別人看到，準會嚇一跳的。

1 2 紐渥克古董市集買的銅雕 **3** 紐渥克古董市集中的非洲文物攤 **4** 紐渥克古董市集裡擺在露天草地上的玩具 **5** 紐渥克古董市集，大型貨櫃車改裝的古董店。**6** 紐渥克古董市集中的刀槍攤，強調擁有販賣執照，並已解除火力。**7** 紐渥克古董市集中的蕾絲攤

REGISTERED FIREARMS DEALER
GUN DE-ACTIVATION WORK UNDERTAKEN

約克郡的古董店 ❖
──鄉村小城裡的尋寶天堂

> 英國人普遍愛好古董,可謂全民皆古董迷,開車行駛
> 鄉間小路,迎面而來的第一家店常是古董店,跟英國
> 人聊天,只要拿古董當話題,就很容易相談甚歡。

1 約克大教堂,歐洲北部最大的教堂,已有千年歷史。2 近看約克大教堂 3 約克市紅屋古董店,紅色喬治時代老屋。
4 約克東城門的樓上為咖啡屋 5 約克街道Stone Gate街,街上有二家古董商場。

　　大英帝國在18、19世紀是世界最富強的國家,當時人們即雅好收藏來自世界各地的奇珍異寶。英國人普遍愛好古董,可謂全民皆古董迷,尤其愈上流社會的人,更是無人不收藏古董,跟英國人聊天,只要拿古董當話題,就很容易相談甚歡,例如我的指導教授辛博士、英國房東凱薩琳及好朋友蘇,他們都是古董迷。因此英國是現今世界上古董店最多的國家,也就不足為奇了,一般的古董店指南雜誌很難為英國推介古董店,因為到處都有古董店、古董商場及古董市集,藝術拍賣公司多達四百多家。

　　在英國各鄉村小鎮都有古董店,有時開車行駛在鄉間小路,迎面而來一個村子,碰到的第一家店常是古董店,真懷疑這些鄉民只要有古董就能生活。就有好幾個城鎮村子是以古董店眾多而出名的,例如優雅的城市哈洛蓋特(Harogate)、瑪洛克(Matlock)、瑪敦(Malton)及內爾斯伯洛(Knaresborough)等都是古董村,都有幾十家古董店,常辦各種古董

活動。在英國每天各地總有古董市集開市，每個地方都常有定期的古董市集，來安撫這些大英子民渴望古董的心，我特地買了一本古董市集指南，在書中詳細列出了各地方古董市集的日程表。

　　我本來就是個古董迷，來到這個到處是古董店的英國，簡直讓我魂不守書桌，看到這些充滿歲月痕跡、設計精巧、手藝優美的古董，常讓我饑渴的心靈為之一振。往往在尋覓的過程中，有了期待；為了擁有，辛苦有了代價，所以每隔一陣子我的古董癮就會上來，無論刮風下雪的日子，我都會暫時丟開書本，各處尋覓古董，我的心靈才得以充實。

千年古城約克（York）的古董店

　　約克，是我在英國的留學生活之地，校舍在城外，每次進城我總捨公車而走路，在濃綠翳天的大道下呼吸清涼新鮮空氣，路過一棟棟的老教堂與古民宅，令人心情愉快，穿過東城門（Walmgate Bar）即進入城內。進城後很快就可在街道兩旁看到三家舊物賣場及四家舊書店，舊物賣場像個堆滿舊貨的大倉庫，貨品種類繁多，在英國稱之Bric-a-Brac，也就是雜項之意，他們是第一手的古董販子，直接從民眾家中收購舊物的。舊書店中有一家專賣音樂類的舊書，我曾在此認真地搜尋提琴書籍，買到一本1860年出版的提琴史。而這條路徑上還有間古樂研究中心，設在一座已有九百年歷史的古教堂內，我曾到此聆賞古樂器的演奏。在舊書店隔壁有三家慈善二手貨店，其中一家是愛貓協會的店，店內的老首飾每件都是1.5英鎊，我挑了十只老件首飾，義工媽媽很細心地用白紙逐件包裝給我，還免費送給我二包貓草種子。

　　約克城是座千年古城，四周有城牆圍繞，約克公爵與蘭卡斯特公爵，曾在此打了三十多年的玫瑰戰爭。這裡有造型可愛的木屋、石屋，舖著石板的街道，還有古老雄偉的約克大教

堂，幾百年來街道景觀未曾變動過。現今古樸老屋都變成高雅怡人的商店、餐廳或咖啡屋，全城大部分是行人徒步區，可以自在悠閒地散步，不必擔心汽機車衝撞。每次到英國，我總會到約克小住幾天，在這裡逛逛街，街上總是充滿無限的新奇與新鮮，每條巷子、每個角落，總令人眼睛一亮，所以多年來都玩不膩。

既是古城，理當有很多古董珍寶可尋，沒錯，小小的約克有十二家舊書店、三家舊書修護工作室、四座古董商場、十餘家獨立古董店、三家以上的舊貨賣場，此外賣二手貨的慈善店也有十餘家。約克的舊書店與古董店並沒什麼群聚性，反正城小，城南城北走路皆可抵達，嗜古者很容易尋訪這些店。最熱鬧的石門街（Stonegate）有約克（The Antiques Centre of York）及卡文迪斯（Cavendish Antique & Collectors Center）二家古董商場，不遠處又有紅屋（Red House Antique Centre）及約克（York Antiques Centre）二家古董商場，每座古董商場內都各有數十家古董小店，賣的大多是小件古董，如首飾、銀器或瓷器等，價錢不高，適合觀光客購買與攜帶，進出的觀光客人多，我頻頻造訪，只逛不買也很自在。

至於有古董家具大物件的古董店，因佔地大，多分布在城牆外，一般遊客是不易發現的，後來我買了車，如虎添翼，搜寶範圍大增，憑著古董指南地圖得以逐一尋訪。此外，約克也常有假日古董市集與舊書市集，必須注意報紙廣告才會知道消息，每到這一天，民眾都很興奮，一早就來排隊買票進場，我在這裡買到一本19世紀附銅版插畫的牛皮精裝莎士比亞戲劇選，還有一套老咖啡杯盤。

古董店逛累了，在約克到處有休息之處，此地也是觀光重鎮，每天遊客如織，所以餐廳與咖啡屋遍布，英國的咖啡屋是世界上最溫馨、最有氣氛的：有的富麗堂皇得像宮殿，擁有宏偉大廳、壁爐、水晶吊燈及明亮的高窗；也有精巧溫暖的小咖啡屋；還有傳統英式小酒館。約克的建築物都很古老，

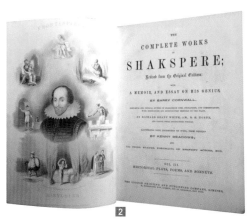

1 約克東城門咖啡屋兼賣舊書 **2** 約克舊書市集買的莎士比亞戲劇選集 **3** 約克市古董商場內有咖啡屋 **4** 約克市古董店之咖啡杯茶具

那些都鐸式木石的老屋子，沒有一片牆壁是平的，沒有一根木樑是直的，就像童話故事裡的糖果屋。而維多利亞式的建築，有凸窗（Bay Window）的設計，上面放幾盆花，旁邊燒著熊熊烈火的壁爐，最是溫暖。而這麼純粹傳統的咖啡屋，價錢卻便宜，一杯熱咖啡附開水、鮮乳及水晶糖才合台幣數十元，我們就可以在此休息、解渴、順便躲雨及洗手。

　　從城裡回宿舍的路上，我總喜歡爬上東門的城牆咖啡屋休息，這家城門咖啡屋有厚厚的石砌牆、箭窗、木地板，店主同時賣舊書及咖啡，放置英式皮製老沙發，是一家最有氣氛的書香咖啡屋。

1 約克古董店之古董手提包 2 約克市新藝術風格古董 3 約克市蕾絲專賣店 4 約克市古董中心 5 約克舊書市集的海報 6 約克露天舊貨市集，在一老教堂廣場。7 哈洛蓋特市的蒙珮利爾古董商場

北英格蘭的藝術與古董之家哈洛蓋特（Harogate）

哈洛蓋特是個優雅美麗的小城，以古董市場聞名，號稱北英格蘭的藝術與古董之家，距約克車程半小時，在我短短一年的求學期間，就曾造訪多次。有次寒冬，我連續多日在圖書館趕寫論文，對古董又興起饑渴之心，不顧外面的暴風雪，勉力趕赴哈洛蓋特，也許一身厚重的衣帽又積雪寸步難行，走到哈洛蓋特古董商場時體力幾乎耗竭，古董商場附設的咖啡屋店員見我臉色蒼白，關心地問道：「你還好嗎？」

我趕緊坐下：「請給我一杯熱咖啡。」

休息了好久，才逐漸恢復體力。

在蒙珮利爾古董商場（Montpellier）樓下角落，有一家精巧可愛的餐廳，它的鮭魚餐新鮮又好吃，我至今仍口齒留香，念念不忘。

我屢屢造訪哈洛蓋特，主要目地是在逛古董店，城裡有數十家大大小小的古董店，本城每年舉辦古董季展覽，印有精美的古董店地圖冊頁，另有二家大型古董商場，古董商場內有數十家古董攤位，賣的是小件精緻的古董，一件美麗的19世紀小胸針才3、5鎊，一只精緻咖啡杯也是幾鎊而已，這些都會令人敗家瘋狂。我的一座三燭枝狀銅吊燈即在哈洛蓋特街上一

家小古董店買的，當時肥胖臃腫的老闆特地小心翼翼爬上梯子，從天花板取下吊燈，讓我不忍而印象深刻。

我不知道這城市在20世紀初是什麼身分，但絕非像附近的曼徹斯特、里茲等以紡織工業發達的大城，因為那些曾有輝煌歲月的都市，如今都已成過往煙雲，徒留髒亂沒落的景象。然而哈洛蓋特未曾爆富，也並未衰敗，看不到大城市的隨處塗鴉與奇裝異服，仍維持著它紳士淑女的身段，是個未曾淪落與頹廢的城市。哈洛蓋特城令人著迷之處在於其文化、美麗與寧靜。它的美麗是由街道建築物、樹木及花卉所呈現，雖非氣派，但足夠的雍容華貴。這個城市在羅馬人統治時代就已發現噴泉，所以建有公共浴池，上世紀的幫浦房及公共浴室至今仍然留存，而現在幫浦房變為古蹟，富麗堂皇的浴室成了交誼廳。

1 哈洛蓋特市之貝蒂咖啡屋 2 約克的貝蒂咖啡屋 3 哈洛蓋特市的中央古董商場 4 哈洛蓋特市之商場

我在圓環邊一家旅館喝下午茶，餐單上記錄著蘇格蘭詩人波恩（Robert Burns）曾在本旅館住過一段時間，寫出了一本詩集，可以想像這城市在19世紀也是文風鼎盛，吸引詩人駐足的地方。這城市還有家鼎鼎大名的貝蒂咖啡屋（Bettys），它在約克的分店更廣為人知。貝蒂咖啡屋在任何時候，總要排隊十幾二十分鐘才能進場，它的咖啡確實芳香，是他們自己摻配烘焙的，其實貝蒂咖啡屋的本店就是在哈洛蓋特，在店內地下層還掛滿了極美的鑲木畫，件件都是精美的藝術創作，原來店主家族早期是鑲木畫藝術家，這項技術極耗人力與時間，現已失傳難得見到，我每次來到哈洛蓋特總會來到貝蒂咖啡屋本店，並且下樓仔細欣賞鑲木畫，再買包咖啡豆回家研磨沖泡。

有羊墟的古董村鎮瑪敦（Malton）

英國的這些古董城鎮，不一定是富裕繁榮或歷史悠久的地方，像約克附近的瑪敦小村，還是個有羊墟市場的農業村落，村民大部分以畜牧為業。到了晚上，穿西裝在小酒館喝酒聊天的人，可能在一個時辰前，才剛把羊群關好，洗個澡穿戴整齊上街的。我有一次在瑪敦逛完古董店，到小酒館吃個晚餐，就有一位老兄主動前來搭訕，他說他不喜歡都市，這輩子從沒去過倫敦，曾有一次打算到倫敦開開眼界，結果看到那麼多車子及人群，他半途就跑回來了。

我好奇地問他：「你貴幹？」

他回答：「幫人家養Animal。」

我聽到Animal，直覺只想到動物園內的獅子、老虎的。於是再問他是什麼Animal，我很想知道，到底是什麼奇珍異獸。

「就是羊啦、牛啦之類的」他說。

在這個畜牧業的小村子，唯一的一條街上就有好幾家小古董店，都是我買得起的便宜

1 哈洛蓋特市的古董店 2 哈洛蓋特市的中央古董商場內部 3 瑪敦街道，為畜牧村鎮，尚有羊墟市場。

貨，我經常來此尋寶。

　　台灣人到歐洲留學，發現古董市場的價錢那麼便宜，趁機大肆採購古董者大有人在。以前在國父紀念館旁有家咖啡館，以西洋古董家具及飾品聞名，極有歐洲古典咖啡屋的風格，店主夫妻就是曾在英國留學，旅英期間陸續收購了二大貨櫃的古董，包括各式古董家具，正好足夠裝飾成一間咖啡館。其實他們買的東西，在跳蚤市場的價錢並不貴，整間屋子的古董成本比新裝潢的工程費還便宜，但內容精彩又豐富，所以古董收藏也可以創造另一個謀生機會。

約克市（York）
地點／英國中部
交通／火車從倫敦國王十字車站（Kings Cross）到約克約2小時

哈洛蓋特（Harogate）
地點／約克西部
交通／火車從約克到哈洛蓋特約半小時

瑪敦（Malton）
地點／約克東北部
交通／巴士從約克車站到瑪敦約1小時

　　台北另有一位古董採購達人陳太太，她從前陪孩子到英國唸書，她熱愛有年代的老東西，住在英國如入寶窖，閒暇的愛好唯逛古董店及古董市集而已，她買了不知有多少貨櫃的古董，很多貨櫃運回台灣之後，至今仍尚未開箱，後來她乾脆開設了一家西洋古董屋，也算是對這些購藏有了妥善交代。

上威河鎮舊書市場
─愛書人傳説中的聖地

> 一本書即使是毫不起眼，不被99％的人所注目，也總有一些人會需要它。在古堡裡，我有如吸血鬼貪婪地啜飲著知識的血液。我在古堡裡泡了兩天，最後竟然無從取捨，我只能夠匆匆地買了幾張銅版畫與不知是什麼的書。

天涯海角的舊書小鎮

早前就聽説，在英國威爾斯的偏僻山村裡，有一個專賣舊書的小鎮叫上威河鎮（Hay-on-Wye），它是世界上最大的舊書城鎮，也是愛書人傳説中的聖地。

這次下定決心，不辭辛苦也要尋找到這個舊書小鎮，我總共花了二天時間轉換火車、又搭巴士及計程車，中途還在紐波特（Newport）過夜，最後終於到達了目的地。這趟曲折的旅程是由倫敦機場→布里斯托（Bristol）→紐波特→希爾福（Hereford）→舊書小鎮上威河鎮。

舊書小鎮叫Hay-on-Wye，望文生義就是「威河上的圍牆」，由那麼直接的命名，就知道這是個富有鄉土氣息的小地方。它一直是個市集小村落，鄰近農莊的家畜、穀物及羊毛等農產品的集散地；令人難以想像的是，如此偏僻的地方竟會成為世界聞名的書城。在那裡聚集了六十餘家舊書店，並發展為世界最大的舊書與絕版書交易中心，每年五月都舉辦極有份量的文學季，邀請最有名的作家演講，吸引甚多世界各地的書迷前來，連美國的前總統柯林頓、卡特等人也曾蒞臨過，因此帶動了地方觀光旅遊。各地愛書者在此恣意地瀏覽上百萬冊的絕版書，有的在書架上翻找記憶中的舊書，或搜尋幾十年前借人未還的

1 上威河鎮的民宿，古樸的石砌牆，B&B即Breakfast & Bed。 2 上威河鎮獅子街，舊書店密集之街道。 3 上威河鎮的舊書店皆為數百年老屋

愛書。人群之中，有表情嚴肅的學者，有神態悠閒的年長婦女，也有不少人像我一樣，從千里遠道而來的朝聖客。

英國舊書若是百年以上，又屬珍貴稀有，則稱古董書（antiquarian），否則就是二手書（second-hand books）。這些舊書店各自發展出相異的特色，有專門主題的書店，如童書專店、音樂書專店、詩集專店，甚至專賣謀殺與懸疑書的專店，分類相當仔細。而大型的舊書店，比一般學校的圖書館還大，內部分門別類，類別下又分細項，如旅遊類下分亞洲、歐洲、美洲等細項；音樂類的書下分鋼琴、提琴、音樂史、音樂家、樂譜等細項。有家專賣兒

童繪本的，每本書都加裝了透明膠紙的書衣，細心程度實著讓人感動。

我連續逛了幾家舊書店，書實在太多了：絕版書、下架書，以及一般書店不再出現的，這裡通通都有，我看得兩眼昏花，累得雙腿快成殘廢，乾脆直接坐在地上，輕鬆地逐一翻閱。

1 露天舊書架依牆而立，自行投幣購取。**2** 露天舊書攤每本0.5英鎊，顧客自行投幣選購。**3** 上威河鎮古堡，亦屬理查‧布斯舊書店，堡內專售藝術書籍。**4** 上威河鎮的古董店，原為古堡之倉庫。**5** 童書與繪本專賣店 **6** 舊書店的櫥窗，擺設甚為新奇。

　　後來發現一家規模很大的書店,從外頭看進去,只覺裡面幽暗深邃,看不到底,所以好奇進去一探,原來這就是傳說中世界最大的舊書店——理查‧布斯舊書店,但奇怪的是,竟找不到美術類的書,於是我就去櫃台詢問:「請問美術類的書放在那?」

　　「美術書籍放在我們的古堡裡,那邊有數千本的美術書刊。」

　　古堡?原來剛才路過的那座雄偉的古堡裡也有藏書與賣書,那一定很迷人,我聽了立刻趕往古堡。

堆滿藝術書籍的古堡

　　這個古堡已有八百多年歷史，外表富麗雄偉，內部陳設卻很簡樸，並無任何裝飾，裡面除了書還是書，但這些書都是較珍貴的古籍，羊皮面燙金，銅版畫插圖，至少都是百年以上，在普通圖書館裡，這種藏書絕不會開架式陳列，是要申請才能翻閱，但在這裡我們可以隨意抽取，進而選購擁有，古書的價錢視珍貴性而定，但也不是很貴。

　　古堡窗邊的辦公桌旁，坐著一位年長又氣質優雅的女職員，她正忙著整理資料，我深恐打擾古堡沉靜的氣氛，輕聲問她：「請問有沒有伯恩‧瓊斯（Edward Burne-Jones）的畫冊？」

　　她想了一下，手指左前方角落：「那邊有拉斐爾前派的畫冊，裡面就有瓊斯的畫。」

　　令人佩服，她可能是學美術的，對畫家瓊斯那麼清楚，知道他屬於拉斐爾前派。19世紀中葉在英國發展出來的拉斐爾前派是以中世紀的畫家為榜樣，力圖恢復藝術的真誠與純潔。

瓊斯的畫追求完美的構圖與精神，美麗而浪漫，如夢境般呈現永恒的美。

我在古堡發現了二冊1954年版賀杜德（Pierre-Joseph Redouté,1759-1840）所繪的玫瑰圖
譜，這是同原稿尺寸的石版印刷。本書冊為賀杜德受拿破崙皇后約瑟芬之請，赴馬梅松城堡
所繪，當時失去后冠的約瑟芬對玫瑰花情有獨鍾，直到過世前，全心寄情於她的城堡花園，
希望為嬌豔美麗的花朵留下影像。賀杜德以纖細優雅的筆觸，傳神地繪出每朵玫瑰別具風情
的姿態與美感，成為世界最著名的花卉圖譜。為了感懷這段故事，這一次旅行，我特地轉往
巴黎近郊的馬梅松城堡參觀，時逢五月，園內玫瑰朵朵盛放。

這個舊書小鎮的古堡像是充滿寶藏，令人目眩神迷而眼花撩亂，當拿起一顆珍珠時，你
會覺得紅寶石更好，有了紅寶石，又嫌它不如鑽石，有了鑽石，又嫌它顆粒不夠大，原來在
寶藏堆裡，人是會喪失理智的，也會迷失價值標準。我有如古堡吸血鬼一般，貪婪地啜飲著
知識的血液。我在古堡裡泡了兩天，最後竟然無從取捨，時間也不夠我翻閱每一本書，我只
能夠匆匆地買了幾張銅版畫與不知是什麼的書，反而遺漏了幾本想要買的書。走出古堡滿身
都是舊書味，我仍然為之迷惑如夢幻。

巷子裡有一家詩集專賣店，這年頭新書店都不敢賣賺不到錢的詩集了，竟然還有書店只
賣詩集，我就特地進去看看，入口大門雖窄小，裡面空間卻蠻寬敞的，書架上排滿整齊的詩

1 轉角的大衛李舊書店，花團錦簇的吊盆。2 上威河鎮的田野，威爾斯的鄉村風光。3 舊書小鎮的創立者理查·布斯

集，我想這位店主一定是個愛做夢的詩人。我忽然想到丁尼生（Alfred Lord Tennyson）的詩集，丁尼生是維多利亞時代英國最傑出的詩人之一，他的詩形式完美，詞藻綺麗，音調鏗鏘。他因寫詩成就而受封為男爵，享有桂冠詩人美譽達四十二年之久，去世後賜葬於西敏寺。這家書店有四個版本的丁尼生詩集，我選了一本百年前出版壓花燙金書皮的草綠色精裝詩集。

在古堡旁邊還有一家規模不小的古董店，對我又是一處如魚得水之地，我在這裡買到了舊奶精杯、老蕾絲、黑玫瑰別針及一對古樸的瓷燭台，只可惜時間不夠我細細地看。

舊書小鎮原本就是優美的威爾斯村落，四周極目遠望盡是美麗的山丘草原與河流，街巷曲折起伏，石砌的房屋都有四、五百年歷史，眼前的石牆、煙囪、鮮花及吊盆，真是美麗至極，這地區的鄉村風光是威爾斯最美的。這裡沒有喧譁的人群，除了優美與寧靜的氛圍，小鎮的內涵與精神又是最充實的，你可以在街道閒逛，然後步進舊書店或古董店，中午到傳統英式小酒館點一份烤牛肉餐，午後選一家溫馨的咖啡屋吃個下午茶，這裡有多家優雅的民宿，最適合悠閒地渡假。對於美麗的自然環境，這裡居民向來極力維護，從希爾福到舊書小鎮是一段狹長曲折的鄉間小徑，只適合人與動物行走，汽車勉強可行，但他們堅拒拓寬，以防大卡車或太多的汽車通行，避免破壞環境。

在偏遠山村建立的舊書王國

這個偏遠小村能成為舊書城，完全是靠一個年輕人理查·布斯（Mr.Richard Booth）的個人興趣與意志而成就的，他在1962年以二十三歲之齡，在此創設了第一家舊書店，並誓言要成為世界最大的舊書店與舊書城。他定期旅行全英國、愛爾蘭及美國，搜索各地的絕版書，

有時收購人家的整間舊書店，也曾買下愛爾蘭一座老圖書館，圖書館中有些書已長達二百年未曾被碰觸，蒙上一層厚厚的灰，像小兔子身上的毛。幾年下來，他在街上擁有一家世界最大舊書店——理查‧布斯舊書店，他還買下當地的古堡，在古堡裡存放古董書及藝術方面的書籍。

理查‧布斯是個理想主義者，又有騎士的精神，他的信念是「舊書不死（Old book never die）」，他相信：「一本書即使是毫不起眼，不被99％的人所注目，也總有一些人會需要它」。

在此舊書小鎮的第二天清晨，我就進入理查‧布斯舊書店尋找玫瑰的書，因為在書架底層，我就乾脆坐在地毯上，一位高大老年人手撐拐杖緩步進來，他大概很驚訝，那麼早就有讀者光顧，就走向前來問我：「你從那裡來的？」

「我是台灣來的，請問您貴姓？」我一開始就懷疑他是理查‧布斯先生，所以急切地想確認他的身分。

「我就是書之國王（King of the Books）理查‧布斯。」他的外號是書之國王，並以此自豪。

我一聽見此人身份，非常興奮，趕忙要求合照，他請來

英國舊書小鎮上威河鎮
時間／每天，週日休息。
地點／上威河鎮（Hay-on-Wye）
交通／倫敦機場→布里斯托（Bristol）火車→
布里斯托（Bristol）──紐波特（Newport）
火車→紐波特（Newport）──希爾福
（Hereford）火車→希爾福（Hereford）──
上威河鎮（Hay-on-Wye）公車
網站／www.hay-on-wye.co.uk

職員為我們拍照。他又告訴我：「舊書市場是國際性的，新書由某一國家出版社出版，在其當地書店上架販賣，絕版後在當地新書店就買不到了，可能會輾轉流通到我的舊書店來。」

目前他仍繼續擴充他的舊書版圖，要在世界各地複製他的舊書小鎮。所謂「書鎮」，是指人口少、自然景觀優美的偏遠鄉村小鎮，聚集許多風格迥異的獨立小書店、骨董或二手書店，吸引愛書人前來，帶動當地觀光產業。目前已成功為書鎮的，在英格蘭有塞德柏（Sedbergh）小鎮、蘇格蘭有「威格頓」（Wigtown）書鎮、荷蘭的布瑞德沃特（Bredevoort）及比利時的雷都（Redu）等，遠東方面正在跟北京洽談。

這三天舊書小鎮之旅，我總共買了十二公斤的書，一起委託理查‧布斯舊書店寄回台灣。一趟舊書之旅，我買最多的是提琴樂器方面的舊書，幾本百餘年前出版的經典之作，是後人作提琴研究的基本，也就是說我得到了第一手的參考書，這就是舊書的價值。不過不必問我何時看完這十二公斤的書，因為買書是基於一種複雜的心理因素：有人買要讀的書；有人只要判斷值得收藏的書，就毫不猶豫地立即掏錢買下；而《查令十字路84號》作者海蓮‧漢芙只買她看過的書。

世界著名跳蚤市場

Exploring the World Famous Flea & Antique Markets

與古董市集

[法國]

巴黎

格哈斯

巴黎古董跳蚤市場 ◈
─歷史悠久的古董集散地

> 巴黎是花都,也可追尋很多舊日時光,找到很多老舊
> 物品。北邊的聖湍市場,是跳蚤市場名詞之起源,
> 二千五百家的舊貨店,尋寶者的聖地,集古董與創意
> 產品於一市集。

1 19世紀的聖湍跳蚤市場,很多貴族淘汰的用品。 **2** 19世紀的聖湍跳蚤市場,以舊貨為主。

跳蚤市場發源的聖湍(Saint Ouen)市場

　　早在英國留學時,就曾聽一位英國古董商說起,在巴黎北部有個很大的古董跳蚤市場,他們常到那裡批貨,聽來似乎巴黎跳蚤市場的古董又多又便宜,足以吸引英國古董商遠道前去批貨。雖然我愛在歐洲各地逛古董店,也到過巴黎好幾次,但從來沒有去過這個古董跳蚤市場,不過我一直對這件事銘記在心。而且我還相信在巴黎應該可以找到很多古董,因為巴黎是歐陸的中心、古董的集散地,匯集了全歐洲古董的精華。

　　後來經朋友介紹,以及在網路上查到巴黎的幾個古董區,當然包含這個法國規模最大的跳蚤市場──巴黎北部的聖湍跳蚤市場。據考證,跳蚤市場的由來即自巴黎的聖湍。聖湍跳蚤市場已有百餘年歷史,1870年巴黎為了整頓市容與環境衛生,進行城市大改造,拆除貧民窟,於是破爛回收商與拾荒貧民被趕到城市邊緣的克里昂固(Porte de Clignancourt),當時

這裡是一片長滿雜草的廢棄空地，是備受詬病的混亂區。後來他們索性在此每週一次地賣起拾撿回來的雜貨，假日將回收整理的舊貨擺在露天的地攤兜售。此外，因巴黎城市大改造，有大批的住家要搬遷，不少大型的家當難以搬運，索性就拿出來拍賣，也就形成了所謂的二手交易市場。據傳不久後有人在此買到的骯髒小提琴，竟是史特拉底瓦里名琴。謠言傳開後，市民們紛紛湧來此處尋寶，聖湍跳蚤市場便隨之熱鬧起來，連小偷、年華老去的妓女也都跑來擺攤。1908年起地鐵開通到此地，人潮更多，之後露天市場改建成隔間遮雨的攤位，二次大戰後，部分的舊貨店提升為古董店。如今這裡有跳蚤市場等級的二手貨，也有高級品的古董。基本上，古董商是分門別類專業經營，而且劃分區域開店的。

我這次是有備而來，趁著到義大利參訪的機會，特地轉機到巴黎。我搭乘4號線地鐵到終點站的克里昂固，再步行十分鐘就抵達聖湍市場。

事實上聖湍古董與跳蚤市場是由九個大型的古董市集商場，加上四個小型據點組成，外圍還有許多流動攤販，一起創造出這個擁有二千五百家古董店的特殊市場。除了古董市場以外，更有名的是「跳蚤市場」，這可是年輕人的天堂，便宜的名牌，超炫的服裝，最流行的飾物都可以在這兒找到。

凡納松市場（Vernaison）：聖湍最古老的市場之一。在十條通道上擁有約三百個鐵皮屋似的攤位。

　　馬拉埃茲市場（Malassis）：金碧輝煌，極盡奢華的高級古董精品店，有大型彩色玻璃櫥窗，各種巴洛克與洛可可式風格的家具。

　　朵芬市場（Dauphine）：兩層樓建物採自然光源，一樓賣古董家具，二樓賣古董書籍和餐具。內有近二百多家店面，每家都有自己的特色跟專門領域。

　　比翁市場（Biron）：也是聖湍最古老的市場之一，匯集了年代最古老的古董和舊貨家族。許多古董店都是世代相傳的百年老店。

　　米緒雷市場（Michelet）：有三百家服裝店，在咖啡店和啤酒店的手風琴音樂中，可以盡情選購各式皮鞋。

　　保羅貝市場（Paul Bert）：露天開放，被認為是裝飾流行趨勢的先行者。

　　賽帕特市場（Serpette）：這個市場主要專注於流行物品和新型藝術。

　　居法雷市場（Jules Vallès）：這個市場匯集了各種奇異物品。

　　馬立克市場（Malik）：此地有成千上萬的服裝。

　　那麼大的市集，每週總能吸引十幾萬來自世界各地的觀光客，但他們每週僅週六、日及週一開市三天，其餘非開市時段供店主出外尋貨。古董這行業有賴店主的本事，去各處搜尋物美價廉的貨源。但令人失望的是，現在的古董價錢都已飛漲，而且比從前漲了好幾倍，例如八燭的銅吊燈，六年前一座僅美金100元，如今竟要價台幣2萬元；精美的貝殼雕胸針，二年前在威尼斯問過，大約5000元台幣，現在已要價15,000元台幣。其他的古董小首飾原本種類繁多又便宜，現在也都變得價錢不菲。但老闆們每每感嘆現在找不到好貨，賣一件少一件，我也深有同感，現在古董店的貨品稀少又不再價廉，我好像晚了一步到此尋寶。

　　這市集的範圍實在太大了，無法一天逛完，店家又晚開早關，為了多逛幾家店，我中午捨不得停下來吃午餐，直到體力不濟，才找家小吃攤坐下來讓兩腿休息，吃飽後又立即動身搜尋。

1 聖湍最古老的凡納松市場，鐵皮屋頂的舊貨店。2 聖湍的朵芬市場，一樓古董家具，二樓有舊書。3 聖湍市場的朵芬市場古董家具

　　特別的是，在聖湍跳蚤市場還可以吃到台灣菜，原在台灣貨輪當廚師的李老闆，退休後偕妻在這裡開了一家小餐館，李老闆談起生意時眼睛瞬間發亮，興致勃勃地說：「我早上先炒洋蔥，然後炒辣椒，再來熬八角，這些香料的味道透過抽油煙機排出去，方圓數十公尺都聞得到味道，先刺激大家的嗅覺，喚醒大家難以抗拒的食慾，不到中午就饑腸轆轆，跳蚤市場開市的每天，我店門口總是大排長龍。」這附近的店家無人不知這間台灣餐館，但生意再好，每週也只有三天生意可做。

　　李老闆近水樓台，有空也會逛逛古董攤子，伺機尋寶，他拿出之前買的銅雕、茶壺及瓷器給我看，可惜眼光不足，盡挑些便宜貨，真是入寶山而空手回。他還提到一件惋惜的事：「上次我看到一只康熙官窯大碗，店家開價380歐元，我殺價200，談不成，我想等黃昏時店家急著收攤自然會拋貨，我再去撿便宜。想不到下午還日正當中，就看到一位古董業同行捧著這只大碗，從我門前走過，眼睜睜看著寶貝被人買走，讓我懊惱不已。」

　　其實，買不到也不是件壞事，我真懷疑，那真的是康熙官窯嗎？

富麗堂皇的羅浮宮古董商場（Le Louvre des Antiquaires）

　　巴黎另一個知名的古董中心——羅浮宮古董商場（Le Louvre des Antiquaires），就在羅浮宮大門前一棟氣派典雅的建築物，內有二百五十家古董店。這棟宏偉的建築物，猶如隔鄰羅浮宮的分院一般，正可襯托出店內古董的珍貴，這裡的古董較為高檔，有三、四家店專賣中國古董。

塞納河左岸的古董店與舊書攤

　　還有一個古董店集散區是塞納河左岸，在奧塞美術館旁邊，附近環境氣氛佳，古董店在臨街樓房的一樓，店面寬敞而挑高，是較有規模也較高檔的。這裡可找到較多的中國古董，有多達六、七家的中國古董專賣店，有些物件相當高級，有可能是八國聯軍侵華時北京圓明園遺物，據店主說，他們的中國古董都是直接在歐洲地區收購，並未到中國進貨。現在歐洲

1 羅浮宮古董商場，位於羅浮宮大門前。2 羅浮宮古董商場內部，華麗明亮如宮殿。3 塞納河左岸的舊書攤 4 圖歐古董拍賣場附近一家賣中國古董的店 5 6 巴黎古董店的中國招絲琺瑯

物價大漲，古董也充分反應物價而跟著上揚，這些中國古董的行情也都高不可攀。

　　塞納河左岸的舊書攤也很有名，沿著塞納河左岸，一排綠色鐵皮的書亭，是巴黎的一景，其歷史可追溯至十九世紀初的拿破崙時代。他們也賣一些明信片、版畫或巴黎風景圖片，以供應慕名而來的觀光客。舊書攤雖小，但他們另有倉庫，只要你訂貨，立即調貨送達。黃昏時，舊書攤亭只要把蓋子闔上即可收攤，甚為方便。

以量取勝的圖歐（Drouot）古董拍賣商場

　　巴黎的古董拍賣場在市中心的圖歐，距離春天百貨公司不遠。圖歐拍賣場是1858年拿破崙副官圖歐伯爵建造，1860年拿破崙三世還曾到此參觀並購買。現古董拍賣大樓為1970年改建。圖歐拍賣場雖比不上蘇富比及佳士得知名，但以量取勝，內有二十一間廳室供拍賣與預覽，一年進行三千場拍賣會。這裡每天都進行數場拍賣，預覽與拍賣廳經常擠滿人潮，我在拍賣場看到不少好東西，令人怦然心動，恨不得也下場舉牌叫價，可是現場都是講法語，我一句也聽不懂，只有徒呼負負了。其中一廳正好有些中國古董在拍賣，雖不是什麼好東西，但也吸引了很多華人買家，看來目前在歐洲尋覓中國古董的華人不少。在圖歐拍賣大樓周圍有好幾家古董店，有一家專賣中國與日本古董的店，這位法國店主在上海另開一家法國古董家具店，大做雙邊生意。

　　在圖歐附近的全景拱廊街（Passage des Panoramas）是條二百年歷史的有頂商店街，延續著圖歐的古董商道，裏面有多家販賣老硬幣、舊郵票、舊明信片的小店。這種美好年代的

拱廊街，在巴黎還有十幾條，隱藏著不少的古董店與舊書店，其中維爾多拱廊街（Passage Verdeau）有最多家的古董店，因之有圖歐別館之稱。巴黎的拱廊街都是十九世紀初期的建物，曾是人聲雜沓熱鬧的商場街道，但如今皆已沒落。濃郁的舊日時光氣氛，充滿空蕩寂寥，倒適合古董店與舊書店這種不需要人潮做生意的店家。

規模日大的旺弗跳蚤市場（Vanves）

巴黎南邊十四區的旺弗跳蚤市場，從1920年起便存在，規模愈來愈大，約有三百五十攤。除了老家具、30年代裝飾藝術的器皿，精緻的小東西、老玩具，老餐具、老印刷品及圖畫外，還有一些創意、非洲藝術，或異國情調的商品。旺弗不如聖湍之盛名，但價錢較為便宜，內行的同業會到這裡批貨。所謂早起的鳥兒有蟲吃，許多專業買家都是搶早來的，旺弗天剛亮便開始交易。賣家從小卡車下貨之際，東西可能就被買走了，到了下午一點，賣家紛紛收攤了，這一點跟全世界所有專業的跳蚤市場一樣，要找便宜的貨不可不早來這個市場。

此外，東邊的蒙特伊市場（Montreuil）是較為低檔的跳蚤市場，大多非古董等級而屬於二手貨。

1 聖湍市場的古董椅子 **2** 巴黎古董店的中國銅器 **3** 巴黎旺弗跳蚤市場的家具 **4** 巴黎 Le Village Suisse 古董市場，高級新穎的古董商場。

台灣朋友所關心的是巴黎有無中國古董或海外遺珍，雖然看了幾家中國古董店，大多是外銷青花瓷、銅器及佛像等，其中銅器大多是假貨，價錢極貴，但也有很高級名貴的好東西。在歐洲各國的中國古董藏量，巴黎比較上是最多的，正好反映了法國對東方自古以來的興趣。這次巴黎古董之旅，我只在聖湍跳蚤市場買一座八燭銅吊燈，這是準備掛在家中餐廳天花板用的，價錢雖漲不少，但比在一般古董店便宜多了。此外我還挑了幾個小古董首飾，都是跳蚤市場的一般價錢。唯一令人惋惜的，是一塊80公分長的橡木片，刻有馬可聖徒與獅的浮雕，線條極其流暢優美，開價台幣1萬5000元，我向來喜歡歐洲橡木雕刻，這件物美價廉的木雕，竟在一念之差下捨棄，想來真是可惜。

聖湍（Saint Ouen）跳蚤市場
開放時間／每週六、日及週一
交通／地鐵4號線於 Porte de Clignancourt 站
　　　地鐵13號線於 Garibaidi 站
公車／56、60、85、95、137、16、255線皆可
　　　抵達
門票／免費
網址／www.st-ouen-tourisme.com

羅浮宮（Le Louvre des Antiquaires）古董商場
地點／2, place du Palais Royal, 75001 Paris
開放時間／週二至週日11：00-17：00，週一
　　　　　休。
交通／地鐵1、7號線於羅浮宮站
公車／21、24、27、67、69、72、74、81、95
　　　線皆可抵達
門票／免費
網址／www.louvre-antiquaires.com

圖歐古董拍賣商場（Drouot）
地點／9 rue Drouot, 75009 Paris.
開放時間／週一至週六11：00-18：00，週日
　　　　　休。
交通／地鐵7、8號線於 Richelieu Drouot 站
公車／20、39、42、48、67、74、85線皆可
　　　抵達
門票／免費
網址／www.drouot.fr

格哈斯的芳香之旅 ❖
─到香水故鄉朝聖

> 調香是一門不折不扣的藝術創作,香水就像畫家的顏
> 料,也如同音樂家的琴弦,對哲學與藝術原理的領
> 悟,則是調製香水的精髓。格哈斯充滿香水的歷史與
> 文化,是古典香水之都,到此拜訪,宛如一趟香水朝
> 聖之旅。

彰顯藝術創作特質的手工香水

香水是藝術嗎?沒錯,香水是項藝術品,調香是一門不折不扣的藝術創作,調香是從事眾多香精原料的摻配,以產生不同芬芳的香水。調香工作需要天分與創意,而對哲學與音樂原理的領悟,則是調製香水的精髓。

眾多香精元素就像畫家的顏料,可創造出風格各異的圖畫;也如音樂家手中的琴弦,可奏出音色多變的音樂。但人們平常在專櫃上看到的名牌香水是藝術品的複製品,是規格化的工業產品,由機器設備依配方大量生產的。香水可以一再地複製,行銷於全世界,正如同名畫可以印成畫冊,音樂可以製成CD,讓普羅大眾分享。但香水產品也有個人工作室的作品,手工創造不同於市場品牌的香水,或依客戶的喜好量身訂作特殊味道的香水,這種手工香水更能彰顯藝術創作的特質了。

繪畫是視覺藝術,音樂是聽覺藝術,而香水就是一種嗅覺藝術了。繪畫可以從色譜色調分析,音樂也可用頻譜來分析,但變化多端、難以捉摸的香氣要如何來分析呢?專家只能用各種形容詞來描述:甜美、輕柔、溫暖、潑辣、刺激、苦澀等等,但再多的形容詞也僅是個

1 格哈斯遠眺，丘陵上的山城。2 格哈斯的建築皆有數百年歷史 3 格哈斯遠眺，層層疊疊的房屋。

人主觀的感覺，別人的認知不一定會相同。每個人對香氣的感受始終是形而上，只可意會不可言傳的。

　　香水是有生命的，花香彷彿是花朵的靈魂，它的芬芳總是稍縱即逝，捕捉花朵的魂魄，往昔是埃及祭司與歐洲煉金術士所致力追求的秘方。我常自己製作手工皂，但我最大的難題，即在香味的保存，無論放進多少天然香草植物，做出來的皂竟幾無味道，原本香味濃郁的薄荷、迷迭香或薰衣草，放進皂液之後，經過一陣攪拌蒸發，立即就香消氣散。

古典香水之都格哈斯（Grasse）

　　香氣的萃取與保存向來是種絕學，調香師繼承了古代煉金術的傳統，保留著原來的神秘性。在《香水》小說中特別提到香味萃取的方法，最高級的是以油脂來攝取花香的脂萃法，當時只有格哈斯才有這種技術，所以葛奴乙千里迢迢從巴黎徒步到格哈斯來學習。他對香味保存的追求，令我心有戚戚焉，心中也升起追溯香水源頭的強烈嚮往，也就是親自到格哈斯參訪。格哈斯是古典香水之都，到此旅行宛如是項朝聖的儀式，這也是許多熱愛香水與手工皂製作者的共同願望吧？

1 西元1世紀羅馬女子倒香水之壁畫 2 格哈斯的小巷，巷窄而樓高，少見天日。 3 格哈斯大街，空氣中飄逸著香水芬芳。
4 賣香水小販的銅雕，顯示中古世紀販賣香水的小販。

　　幾經車旅勞頓，終於來到格哈斯，此時我的腦海浮現了希臘悲劇中一句話：「噢！格哈斯，我知道妳就在我身邊不遠，因為我聞到了妳柔和的氣息。」

　　翌日清晨，我開始漫步遊覽格哈斯古城，只見巷道狹窄彎曲，兩旁是古舊高聳的樓房，到處是石階。此時太陽初升，陽光尚未照進陰深窄巷，我沿途忽上忽下，左轉右進，四周一片沉寂。在這如迷魂陣般的小巷裡，我稍不注意就迷路了。但這窄巷內，即使大白天也少有人影，香水又杳無蹤跡，我找不到任何香水的遺跡，反而嗅出一股詭譎氣息。也難怪葛奴乙

在這曲折的窄巷中謀殺不少少女而不被人知。我摸索了一個小時仍身陷迷陣，最後還是靠路人指點才得以脫困。

　　歷史上格哈斯另有真實的香水殺人事件，16世紀時，從義大利佛羅倫斯遠嫁法王亨利二世的凱薩琳皇后，她引進義大利的香水技術，開創格哈斯的香水事業，但她也利用香水手套毒死了政敵亨利四世的母親珍妮。

　　格哈斯城裡唯一的大街，則是豁然開朗，一派亮麗優雅的景象，令人想到尼斯、坎城的豪華，可想見格哈斯之富裕，確是法國香水之都，這就是傳說中連空氣中都可聞到香水味的地方吧？其實芳香之氣似有若無，來自物質也來自空氣，令人情感澎湃，也令人跌入回憶的思緒。我走在這條大街上，在暖春和煦的空氣中，試著嗅出熟悉的氣味，搜尋潛意識中的記憶。

格哈斯的兩大香水博物館

　　來到格哈斯，最重要的莫過於參觀香水博物館，格哈斯有二大香水公司，各設香水博物館：法格納（Fragonard）與莫琳納（Molinard）。他們主要的業務是生產而非行銷，其自有品

1 法格納香水博物館中展示的蒸餾設備 2 法格納香水博物館內之蒸餾設備 3 法格納香水博物館販賣部 4 莫琳納香水博物館，一棟高級別墅建築。 5 法格納香水博物館

牌在市面上甚為罕見，大多為其他知名香水品牌代工。早上出門前，旅店主人熱心指點我博物館的位置，又說：「這二家香水博物館各有特色，我太太喜歡法格納，而我鍾情莫琳納，我們卻常為此爭辯。」

我說：「這二家我都要去看。」本來，不同的香水有不同的風情，對於香水的選用本毋需專情，我向來樂於欣賞不同風格的芳香。

法格納博物館的展覽內容豐富，但布置卻很傳統，和香水有關的文物如香水瓶、原料、文獻等，一樣樣地陳列在玻璃櫃裡，又展示各式各樣的香水蒸餾設備。博物館大廳即是香水販賣部，如百貨公司一樓的香水專賣店，多位服務人員熱心地為客人解說，可隨意試聞，觀光客很容易一時心動而掏錢購買，法格納可以說是以商品銷售為導向的博物館。

1 姬‧柏契拉香水店內部，可為客人量身訂製個人香水。2 姬‧柏契拉香水店大門，一家小型香水製造廠。3 格哈斯巷子裡的香水小店，香水乃為本地之特產。 4 古董店裡的香水瓶

　　莫琳納博物館則像座漂亮的大別墅，內部布置極為生動，其香水販賣部更像皇宮大殿，所有的展示櫃與展示桌都是精緻的古董家具，高雅品味令人歎為觀止。而博物館的展示部有專人定時帶隊引導，逐一解說香水的製程，其蒸餾設備按製程擺設，甚至佐以動態假人的情境布置，又有語音影片介紹，莫琳納博物館較偏向知性導向。

暗藏幽香的傳統香水小廠

　　在老城區古巷裡另有一家傳統的香水店——姬‧柏契拉（Guy Bouchara），其幽暗深長的店舖，地面有長條棕色木板，左右兩旁安放著櫃桌，擺放各式瓶瓶罐罐的香水，牆壁有掛圖，不似法格納與莫琳納的高貴，但價錢平易近人，可能是星期假日的緣故，老闆與老闆娘親自坐店服務。走進店內盡頭，

1 古董店裡的香水瓶 **2 3** 香水店之香水瓶 **4** 香水店之玫瑰精油，大馬士革為其最高級品。 **5** 古董香水瓶

看見滿頭華髮的老闆端坐在古董桌前，桌後有一座暗色大架櫃，這幕場景有如《香水》電影中香水師傅包迪尼的舖子，此時我簡直看呆了，驚訝地問：「香水電影是否在這裡取景？」

老闆娘好像突然發現了知音，興奮地告訴我：「香水作者徐四金及電影導演都曾來參觀過，還送我們這本簽名書。但電影實際上是在巴塞隆納拍的。」她隨即取出一本《香水》小說，翻開徐四金的簽名給我看。

我無意中推開老辦公桌旁一扇虛掩的門：一間神秘的房間，架上擺滿了瓶罐，地面散布著大小桶子，還有座老式的工作檯。我確信，從前這是煉金術士的工作室，想像中還有水晶球與長柄攪拌鍋，調香師繼承傳統，繼續在這摻配香水。老闆深邃的雙眼露出詭譎的微笑，可是煉金師的會心一笑？也許這裡曾調配出令人驚為天人的「No.5」或「歡沁」呢。據說香奈兒堅持只用格哈斯種植的頂級茉莉與玫瑰的精油，以確保「No.5」的品質。

姬‧柏契拉不只是香水販售店，本身也是家香水小廠，為客戶量身調製個人香水，古典

香水業原本起源於這類的家庭小廠，而有所謂的香水世家。但多數香水小廠歷經數次併購，已成跨國精品集團的旗下。至今香水世家已凋零殆盡，今天能在此遇見這種傳統家族經營的香水舖，應屬不易了。

格哈斯
地點／法國南部
交通／火車從巴黎里昂車站到坎城約5小時，再換火車由坎城到格哈斯約半小時。

多層次香水的奧祕

香水的學問博大精深，香味釋放的過程細膩複雜，一瓶香水是由多種香精調配組成。香水是有生命的，香水隨時間而變化，其味道依次為前調、主調與底調：前調是首發香氣，蒸發較快，人們對香水的第一接觸。中調香氣是前調與底調的中間橋段香味。底調香氣是在皮膚停留最久的香味，最後可知覺的香氣。底調香能延長其他香氣的生命，減緩其他香氣蒸發的速度，也就是具有定香的功能。香水內含多種氣息彼此繾繾，又和人體的體溫與氣味交互反應，散發出多層次與豐富的芳香。香水中多種香氛的調合，如同音符之於音樂家，講究和弦共鳴，也如色彩之於畫家，追求色調與氣氛，因此藝術與哲學精神的涵養深度，是香水製造的關鍵。原來我所採擷的迷迭香、薄荷與薰衣草，都是快板香氣的植物，因此芳香無法久留，只能當前調之用。

自有香水歷史以來，人們迷戀香水，為香水設計了各式精巧的瓶子，香氣的壽命有時盡，而香水瓶之美恆長久，形形色色的香水瓶常讓人愛不釋手，它也是項藝術品，老的香水瓶則成為古董，依其年代、稀有性及設計而有不同的價值。世上有不少專門收藏香水瓶的藏家，巴黎聖湍古董市集就有二家香水瓶專賣店，國際拍賣會上也常有珍貴的香水瓶出現。

格哈斯究竟有何種吸引力？讓人無可抗拒地追尋，若說要尋找香水技術，在博物館看到的是古董設備，想從中探究香水的奧秘，確是匪夷所思，但這種古典的技術，足以驗證書中敘述的萃取方法，也對我個人手工皂的製作有所啟發。若說到格哈斯是為了要尋覓徐四金《香水》小說的足跡，可算是一趟文學之旅。無論如何，這是趟充滿藝術氣息的旅行，以虔敬的心情，踩在現代香水的發源之地。

5

米蘭

阿雷佐

世界著名跳蚤市場
Exploring the World Famous Flea & Antique Markets
與古董市集
[義大利]

義大利最大的古董市集
─阿雷佐

> 偏遠小城阿雷佐竟有上百家古董店以及義大利最大的
> 古董市集,堪稱是個古董城鎮了。在老城的古蹟下,
> 悠閒逛市集與尋寶,最是愜意。

托斯卡尼山城的因緣際會

　　義大利阿雷佐(Arezzo),一個傳說中的古董小城,有近百家古董店,還有全義大利規模最大的古董市集。阿雷佐是個天涯海角之遙的小地方,在地圖上必須用放大鏡才看得見。但對於我,一個以尋訪世界古董市集為志的人,已去過各大城市的古董市集,還有什麼地方比阿雷佐更讓我嚮往的?

　　阿雷佐是個城牆圍繞的小城,也算是托斯卡尼的山城,城內都是高低起伏的丘陵地,連城中心廣場的地坪都是斜的,廣場四周圍繞著13世紀的建築。這種格局跟義大利另一個山城西耶納(Siena)倒是很像,但西耶納在地勢與景觀上略勝一籌,同樣是中古世紀的古城,旅行團的義大利十日遊必到西耶納,但由二選一之後,就不會再光顧阿雷佐了。阿雷佐在西耶納的陰影之下,始終沒沒無聞,但不多的觀光客,讓此地不沾染過多的商業俗塵,反而保持著一種寧靜高雅的氣息。

　　近代貝里尼的電影《美麗人生》曾在此拍攝,而此片又獲得奧斯卡金像獎,阿雷佐因而聲名大噪,一般知道阿雷佐之名者,大多由電影而來。但對於古董愛好者來說,阿雷佐卻是個古董聖地。尋寶者可以不到西耶納,但此生非到阿雷佐不可。

阿雷佐古董市集之場景

1 阿雷佐一家古董店展示之石雕 2 阿雷佐的一家專售鐵器品的古董店 3 阿雷佐古董市集之器物 4 阿雷佐古董市集之場景，古董攤散佈於大街小巷。 5 阿雷佐的街道，為中古世紀風格之建築。

　　我特地挑了一個有古董市集的日子，從台灣搭機飛米蘭，換火車到佛羅倫斯，再換車到阿雷佐，當然我也可以搭機飛羅馬，換火車到佛羅倫斯，再換車到阿雷佐，這二種途徑是相當的。但義大利似乎愈往南治安愈差，自從上次在羅馬遭吉普賽人竊盜後，我就避免再經過羅馬了。阿雷佐的旅館不多，我訂的旅館就在火車站前面不遠處，這旅館甚為優雅，小城竟有如此精緻的旅館，實在令人驚喜，第二天的古董市集就在旅館不遠處展開。我從旅遊資訊中心拿了古董市集攤位圖與古董店位置圖，就這方面來說，阿雷佐的古董產業做得很周到。

　　由於我在古董市集開市的前一天就到達阿雷佐，有充裕的時間可在小城蹓躂。我沿著旅館前面的大馬路往上坡走去，不久就見到了大廣場，這是古城的中心，周圍都是中世紀與文藝復興時代的建築，七百年來始終未曾改變。一面面石牆皆為當地產的灰石，錯落的屋瓦均為橘紅色系，格調整體一致，石板的街道及窄巷高高低低，連廣場也是斜面的。建物之中有老市政廳、尖塔、教堂、修道院、博物館及住宅等。

1 阿雷佐古董市集之場景，前為修道院與市政廳。2 布魯奇先生為阿雷佐古董市集之創立者 3 布魯奇紀念館，一棟名為首府宮或博物居的13世紀老宅。4 布魯奇紀念館內部展示的布魯奇之收藏品 5 在布魯奇紀念館隔壁的保羅，布魯奇古董店

　　其實阿雷佐在羅馬時代與共和政體時代就有很好的發展，是個深具文化的繁榮城邦，擁有戲院、競技場、浴室等娛樂應有的公共建設。直到14世紀共和政治解體，社會開始動亂，阿雷佐被佛羅倫斯合併統治，其政經及文化於焉一蹶不振，終於淪為一個農業小鎮。

　　在一棟9世紀的聖塔瑪利亞老教堂的對面，是布魯奇故居紀念館，它本身就是一棟14世紀的老建築。布魯奇乃阿雷佐古董市集的創始者。布魯奇一生熱愛藝術，也是一位具有藝術品味與專業能力的古董商，待古董事業有成後，他內心亟思把對古董的喜好與家鄉阿雷佐的發展相連繫。1968年正逢香草市場從阿雷佐廣場遷出，而使這座美麗的中世紀廣場就此閒置，他認為活化這座廣場的最佳辦法，就是仿效倫敦的波特貝露，成立一個假日古董市集。阿雷佐古董市集在義大利算是首創，在他的努力下，推出各種古董市集相關活動，使古董市

集一開始就很成功，義大利與國際參觀者絡繹不絕，至今每月第一個週六、日仍定期舉行，為歐洲第三大的古董市集。古董市集使阿雷佐成名，強烈地影響了小城的社會、經濟與文化發展。很多國際政治家、古董商及收藏家都來參訪過，布魯奇的夢想終於達成。

我很好奇，古董收藏的興趣也能創造那麼大的成就，布魯奇到底是何許人？布魯奇生於1920年，他對於古董的熱情來自於家中藝術方面的背景，他父兄都是古董家具商，大學時代他結識了藝評家羅伯特（Roberto Loughi），受其藝術與美學觀念的啟發。而他踏入古董界的第一步，是到他哥哥在佛羅倫斯的藝廊幫忙，但父母過世後又返回阿雷佐與姐姐居住，她們住在這棟名為首府宮（Captain's Palace）或博物居（Casa Museo）的13世紀老宅裡，並在此開設了古董店。布魯奇1996年去世之後，他的故居便成立為博物館，供民眾和遊客參觀。博物館藏品也就是他畢生的收藏，大多是具有歷史文化價值的高古文物，而非商業價值者，由此可看出他的品味與思想。

■1 阿雷佐一家古董店之內部陳設 ■2 阿雷佐的 Canapini 古董店，店主為瑟琳娜小姐。

山城上有近百家的古董店

在阿雷佐街道上數量最多的店面就是古董店，另有三、四家古董維修工作室，總共近百家，小小城市竟有如此多古董店的規模，堪稱是一個古董城鎮了。由於第二天就要舉行每月一次的古董市集，店家老闆也像迎接慶典般興奮。由於阿雷佐古董店都座落在舊城區，人車不多，逛古董店最是愜意。街上有一座布魯奇古董商場，也是布魯奇創設的，內有二十家小古董店，每家店都光鮮亮麗，布置得一塵不染，小城能有如此生活水準，真令人佩服。其中一家店有一對40公分高的中國瓷器花瓶，瓶底為雙圈款，彩繪戲貓圖，附木雕底座，木座甚為老舊，看似真品，又開價合理，差點讓我起心動念。

我午飯後仍繼續在街巷中遊蕩，一般義大利商店午休長達二小時，中午時刻古董店也都紛紛拉下鐵門休息，我只能看看街景與櫥窗，這時發現一家古董店竟然開著門，心想難得有一家營業的店，立即側身進入參觀，門外一位小個子女孩也隨之過來，向我微笑點頭，原來是店主，她可能原本就站在門口，只是我沒有注意到。

「妳中午沒有休息啊？」我問。

「我一天開店六小時，跟別人一樣。」原來義大利政府規定商店一天營業總時數六小時，你要什麼時段營業都可以。我拿起她櫃台上一張名片，她說：「這是我爸爸的名片，他

在科托納（Cortona）開鄉村民宿。我因為很喜愛古董，所以來這裡開店，我叫瑟琳娜。」她遞了一張名片給我。

瑟琳娜甚為親切，跟我聊了一些話，我到義大利難得有機會跟本地人說上話。我仔細看了店內古董，沒有我中意的，於是問：「有沒有中國古董？」

「沒有耶。」

「有沒有銅吊燈？」

「也沒有。」

真可惜，我原本很想向她買件東西的。最後，我在牆上看見一件小鏡子，有雕刻繁複精美的木框，開價400歐元，還算合理，只是如此脆弱的東西，若放在旅行箱內，鐵定會碰壞，我又已手提二支小提琴了，再攜帶這片鏡子實有困難，我還是慎重考慮吧。

晚上回到旅館，腦海裡一直猶豫著要不要買下那一對彩釉瓷花瓶，以及瑟琳娜的那片小鏡子。

第二天吃完早餐，我即興沖沖地出門，去參觀阿雷佐古董市集，旅館不遠處就看到攤位擺滿街道二旁，攤商遮陽傘密布。這景象讓我嚇一跳，昨晚才路過這裡，那時還空蕩蕩的，怎麼才一夜之間所有攤位都擺好了，看來主辦單位半夜不睡覺，幾百個攤位一夕完成。

中古世紀建築下的古董市集

古董市集的攤位以廣場為中心向周圍街道擺設，攤位實在太多了，無法對每件古董細看，即使不看，像閱兵般快速走過每個攤位就夠累人了，我想要走2、3公里路吧。這些攤位包羅萬象，除了一般性古董，還包括舊書、舊衣服、大型家具、花園石雕等，還有非洲文物攤位，吉普賽人攤位，但並沒有中國或日本古董攤位。阿雷佐古董市集的特色是家具類特別多，也許是場地較大，可容納得下那麼多大型家具，尤其廣場後面到城牆這一段是上坡高地，一塊塊的高階台地，幾乎都是家具攤，我又不能買家具運回台灣，只能隨意看看。

此地蕾絲專賣攤也有五店之多，蕾絲原本源自義大利的文藝復興時期，十六世紀時，由佛羅倫斯嫁至法國的凱薩琳皇后流傳至法國，風靡全歐，現

今復古的流行熱潮始終不退，有特定喜好的收藏者，近年在日本、韓國、香港等地的女孩子，都很迷蕾絲收藏，上次在日本京都大古董祭就看到幾攤西洋蕾絲店。原本英國有很多古董蕾絲的，現在少了很多，上回參訪英國紐渥克古董市集，三千個古董攤位也才找到一攤蕾絲，也許英國的蕾絲都被亞洲蕾絲迷搶盡了。在阿雷佐這麼偏僻的古董市集，亞洲客人很少涉足，所以還有不少蕾絲貨源，真是難得，我在一攤位看中了一片半圓領子蕾絲，店主開價35歐元，我出價30歐元而不可得，於是就放棄走開了，待二小時後又路過這一攤子，其實我都忘了這件事。突然一位女孩跑來說：「我媽媽說，剛才的領子蕾絲願意賣你啦！」

既然人家如此誠意，我就買下它了。

逛了三小時，我早已頭昏眼花，想找個地方吃午餐兼休息，於是走到廣場邊的迴廊大樓（Plazzo delle Logge），這是一棟16世紀的宏偉建築物，穩重而堅固，有長長的迴廊及拱柱。平常迴廊下是整排的咖啡座，今天卻擺滿古董攤，但建築物內仍是餐廳，有位穿傳統服

1 阿雷佐之廣場，自中古世紀以來未曾改變。 2 阿雷佐迴廊宮走廊上的古董攤 3 阿雷佐老屋內之古董店，店內皆為高古石雕。 4 阿雷佐迴廊宮走廊上的餐桌，可供用餐或喝咖啡。 5 阿雷佐古董市集之家飾木雕攤 6 阿雷佐古董市集專賣燈飾與燈具零件之攤

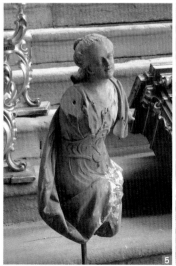

1 阿雷佐古董市集上之瓷器 2 阿雷佐古董市集之蕾絲領子，蕾絲為義大利所創，後流傳至全歐。 3 伯修爾斯銅雕（佛羅倫斯） 4 在阿雷佐購買的五燭吊燈 5 阿雷佐古董市集之家具，鑲嵌精美。 6 阿雷佐古董市集上富鑲嵌的義大利家具 7 阿雷佐古董市集DM

裝的婦女在門口手撤燕麥麵條，我想應該是本地的傳統美食吧，於是沒看菜單，就找服務生手指著燕麥麵條，等了一會兒，端來一盤豬肉炒燕麥麵，這與想像的相差不遠，只是結帳時，價錢卻比想像的差很多，這盤菜色普通的炒麵竟索價20歐元。

到了下午，不能再漫無目標的只看不買了，應把握難得機會買下最需要的東西，想想家中還需要一座小的古董銅吊燈，於是開始在市集攤位搜尋，最後終於在一家簡陋的古董修護工作室看到一具五燭古董銅吊燈，精巧大方正合我用，標價200歐元，店主說180歐元就好，我出價160歐元，店主也同意就此成交，我掩不住心中的喜悅，連忙感謝他給我的優惠。

其實早上在古董攤還看到一尊精美銅雕，曾讓我心動，它是希臘神話故事中砍下蛇髮女妖梅杜莎首級的伯修爾斯銅雕，伯修爾斯頭戴隱身頭盔，腳穿雙翼飛靴，腳下踩著梅杜莎的頭，這樣精巧的貨色在現今古董市集已少見了，這尊銅雕著實讓我念念不忘。可惜這時我已連逛了六個小時，身心俱疲，又忘了攤位地點，也就不再刻意去尋找了，在這個完美的古董市集，留下一點點惋惜。

FIERA ANTIQUARIA DI AREZZO

阿雷佐
地點／義大利的羅馬與米蘭之間
交通／從羅馬到阿雷佐約2小時
　　　從米蘭到阿雷佐約3個半小時

米蘭納維里歐古董市集 ❖
—運河畔的古董盛會

> 米蘭的納維里歐大運河旁，聚集了眾多藝術家工作室
> 與古董店，每月的最後一個禮拜天，有四百家露天古
> 董攤擺在運河岸兩旁，精彩絕倫的義大利古董，讓人
> 目不暇給⋯⋯。

米蘭納維里歐（Naviglio Grande）運河邊的藝術氣息

　　義大利的文化歷史悠久，古希臘與羅馬的文化形成歐洲文明的基礎，羅馬帝國長達千年，其藝術高度發展，即使經歷黑暗時期，後來的文藝復興與巴洛克藝術都源於義大利，領先同時期的英法等西歐國家。義大利到處是古城與古蹟，其藝術品精美而量多，但好的古董藝品大多在世界外地的博物館與收藏家手上，而普通等級的古董數量仍多，所以在義大利各城市的古董市集，仍可看到為數眾多的古董攤位與古董物品。

　　米蘭是義大利北部的經濟中心，有時尚、有文化，也有很大的古董市集，只是必須挑對時間才能找到這個市集。米蘭的納維里歐大運河（Naviglio Grande）就是公認義大利北部最大的古董市集，它只在每月的最後一個禮拜天舉行，約有四百家露天古董攤，琳琅滿目的古董擺在運河岸兩旁，有銅雕、石雕、鐘錶、陶瓷、珠寶、銀器、玩具、舊書、玻璃、家具、蕾絲等，幾乎包含所有的古董項目，這些古董市集是經過管制的，新日用品及新手工藝品一律不得擺設。運河邊還有數家固定的古董店及藝術家工作坊，形成一個蘇活族的生活天堂。

1 米蘭大教堂前的拱廊商場 **2** 納維里歐古董市集的蕾絲織品攤 **3** 納維里歐古董市集，接踵而至的客人。 **4** 納維里歐的藝術家工作室是一座老式三合院

　　納維里歐大運河是歐洲第一條人工運河，從1177年開鑿至1257年完工，當初開河的目的在於農業灌溉，隨後的貨品船運則產生更大的功能，使運河更形重要，康多吉亞大理石能夠順利運輸，米蘭大教堂也因此得以建造。之後米蘭周圍又挖掘了數條運河，形成了灌溉與交通網絡。18世紀後因城市的發展及公路的開拓，運河陸續被加蓋或填平，僅剩納維里歐及帕維塞（Pavese）等二條運河。但到了二次世界大戰，聯軍炸毀鐵公路，納維里歐大運河又重新發揮了運輸功能，直到1979年，當最後一艘運砂船行駛後，納維里歐的運輸功能就此結束，恢復原先的灌溉目的。

1 納維里歐的畫家工作室，牆上爬滿長春藤，作品擺於門口。 2 納維里歐運河兩旁的古董攤，河水是清澈的，自在悠遊的鱒魚歷歷可見。 3 納維里歐古董市集琳琅滿目的古董攤 4 納維里歐運河畔的洗衣磨坊，很古老的建物。

納維里歐運河水質清澈，鱒魚歷歷在目，河畔是個老社區，18世紀的欄杆陽台式公寓，牆面大多漆成鵝黃色，另保留著幾間古老瓦片的小屋及磨坊，最可愛的是有中庭的三合院，陽台上攀爬著長春籐。這裡以古蹟為背景，藝術氛圍極佳，吸引不少藝術家到此開設工作室，形成了藝術村，到處可見古董店，畫家、陶藝家、飾品及服裝設計師的工作坊，甚具波

希米亞風格。其他主要商店則為咖啡屋、小酒館及餐廳等，把夜晚的河畔點綴得活潑又熱鬧，年輕人喜歡成群地在此聊天喝酒，可謂愈夜愈美麗，是義大利難得有夜生活的地方。尤其是週末的晚上，鄰近鄉鎮的年輕人也都愛齊聚納維里歐。可惜一般旅遊書上對此地著墨不多，參加旅行團的遊客可能沒機會到此逛藝術坊，更不可能來逛古董市集，他們頂多會被安排搭乘觀光船遊運河，只有背包客才有機會，從容地逛逛古董店及藝術坊。

1 納維里歐運河邊的古董店,將油畫與家具展示於門外。 2 擺在運河邊露天下的古董油畫,義大利美術品深受歐人喜愛。
3 納維里歐運河邊的古董店內部,大理石雕氣派優雅。 4 擺在牆邊待售的古董藝品 5 納維里歐古董市集的油畫修護攤
6 納維里歐古董市集之木雕

　　我發現納維里歐並非從旅遊書得來,而是幾年前在遊義大利北部的科莫湖時,在船上碰到一位自助旅行的英國大學生,小遊艇上很容易相互聊天的,我忘了跟他聊了些什麼,只記得曾感嘆說:「雖說義大利美食名聞世界,我去過好幾家餐廳,卻從未吃到一道好菜。」

　　「你可以到納維里歐大運河找找看,那裡很棒。」

　　既然納維里歐的口碑那麼好,連外國學生都讚不絕口,想必真的好。於是我回米蘭後,立即跑去納維里歐河畔吃晚餐。發現這裏熱鬧非凡,餐廳與小酒館櫛比鱗次,我選了一家桌椅擺到人行道的餐廳,點了最經典的義大利海鮮麵,果然是美味可口,我終於在義大利吃到好吃的菜了。當時就看到好幾家古董店及藝術坊沿著運河而設,可惜夜晚時全已打烊,讓我悵惘不已。我雖然嚮往,但沒有預期,因為這樣世界另一端的角落,還要特定的時間才能參與的古董市集,何時能夠再度親臨,任誰也無法預料。

　　幾個寒暑過去,我頭髮白了幾根,身形也發福了不少,納維里歐的古董市集仍讓我念念不忘。直到2009年,我特地選定五月最後一個禮拜天到達米蘭,住進旅館後,即迫不及待地叫了計程車趕往納維里歐,果然遠遠就看到河岸兩旁攤傘林立,萬頭攢動,這就是北義大利最大的古董市集,河畔的店家也都開門迎客,真是令人欣喜。

運河畔的古董市集

　　義大利的大理石雕最聞名，其大理石色純質優，雕工又美，向來為歐洲藏家所愛，少數出現在納維里歐這種露天市場的大理石雕，都是殘片或半截石柱，但已彌足珍貴，價值不菲。大理石雕雖少，但銅雕在納維里歐則不少，亦多精美。油畫也是義大利藝術品的熱銷項目，在納維里歐的古董市集裡就有不少的油畫攤，畫風都是印象派之前的寫實風格，畫面細膩而古樸，有如文藝復興與巴洛克時代之作。果然義大利人天生具美學品味，善於繪畫、雕塑與設計之藝術工作。

　　古董油畫攤也賣老畫框，老畫框以木料手工雕刻，也是古董項目之一，甚至還有兩個專賣古董老框的攤位，名畫應配手工古框才能相得益彰。古董維修也是義大利的一項專長，納維里歐有一家古董攤兼代客修護油畫，一位穿著白色工作袍的師傅在現場執筆專心工作，吸引了不少觀眾。義大利家具向來聞名於世，古董市集裡就有不少的古董家具，在河畔露天排

1 納維里歐運河邊的建築，古董攤傘林立。**2** 古董攤上的精美銅雕，義大利人手藝精巧，雕塑生動。**3** 納維里歐古董樂器攤，義大利製的魯特琴與小提琴為世界聞名。

成一堆，眾多的古董家具可以說是這個古董市集的最大特色，但這種大件物品對於我這旅行者而言，是只能看而不能買的。義大利古家具通常華麗精巧，例如鑲嵌大理石或異木而成美麗圖案的桌面，或刻工繁複的浮雕，或加上多彩的圖畫設計。如此華麗的家具，在屋內的擺置，須要搭配相當等級與風格的裝潢。古老的義大利家具常有蛀蟲，難以盡除，購買前應小心，購買後若發現要設法處理。

納維里歐有不少古董珠寶首飾攤，由於物件體積小，大多放在有玻璃蓋之扁櫃內，攤位也必有遮陽傘成半露天狀況。顧客透過透明玻璃，看中了東西，再請老闆開櫃取出細看。我同行的朋友挑了三件鍍金胸針，

1 納維里歐運河邊的古董家具店 2 古董市集中的珠寶攤，琳琅滿目的各種首飾。3 古董市集中的古董首飾，擺置於透明櫃中。 4 古董攤上的宗教木雕，義大利為天主教國家，古董宗教用品甚多。

其中一件型態與質感皆佳，價錢也較貴，老闆說這是一位名師所作，他過世後就沒人能做出這樣的東西了。這些珠寶首飾中，我最有興趣的是貝殼雕（Cameo），這是在貝殼上浮雕出人物頭像，外加鍍金框作為胸針、戒指或耳環首飾，由於雕刻精細生動，甚有藝術價值。選用雕刻的貝殼還需具有紅白雙層色澤，才能刻出這種紅白相間的紋飾。貝殼雕首飾是文藝復興時代發展出來的產物，19世紀中葉，貝殼雕首飾很受中產階級普遍的喜愛，產量與需求俱增。但其價錢始終居高不下，十年前古董市場數量仍多，貝殼雕在首飾攤到處可見，一只普通的胸針折合台幣三、四千元，我當時嫌貴不買，但如今珍品已屬少見，價錢又漲了二倍多，我更買不下手了。反而上次在日本京都大古董祭的西洋古董攤，看到很多精美的貝殼雕首飾，價格更為昂貴，此減彼增，看來精良的貝殼雕首飾早被識貨的日本古董商搜購去了。

納維里歐除了歐洲古董文物外，還有中國古董攤、日本古董攤及非洲古董攤等等。最奇特的是，有一攤位賣的竟是人體器官物件，有木乃伊殘件、人類乾縮頭蓋骨及器官標本等，令人退避三舍，但據說此攤在此已營業多年，似有其生意之道。

古董市集逛累了，河畔有的是餐廳與咖啡屋，可坐下稍歇，但高檔的餐飲店是晚上才營業的，白天找到的店只夠解饞，談不上美味。

米蘭納維里歐古董市集
地點／米蘭市南方的納維里歐大運河畔
時間／9:00-14:30，每月最後一個禮拜天，但7月休息。
交通／地鐵2號線的熱內亞門站

維也納

維也納的納緒古董市場和
多羅泰拍賣公司 ◈

> 維也納濃濃的貴族氣息,處處哈布斯堡王朝的華麗遺
> 跡與對西西皇后的懷念。維也納的物價雖高,但也有
> 庶民風格的納緒古董市集,那裏的東西特別便宜。中
> 歐與德語區最大的拍賣行多羅泰公司,具三百多年歷
> 史,比蘇富比與佳士得拍賣公司還早上數十年。

充滿庶民氛圍的納緒市場(Naschmarkt)

　　幾年前出差到維也納,正煩惱找不到古董市集,因為逛古董店或市集一向是我出國旅行
的最大樂趣,我仔細研究旅館提供的觀光資料,終於看到星期六在納緒市場有個露天古董市
集,於是按圖索驥找到了那裡,只見現場攤位擁擠,東西也很多,有東歐特色的聖像畫、壁
爐、蕾絲、燈具、餐具、古董家具等。在維也納處處是哈布斯堡王朝的華麗遺跡,竟有納緒
市場如此充滿庶民氛圍的地方,實在令人驚喜。

1900年的維也納納緒市場,當時已傘頂林立。

1 納緒古董市集下午出現的舊貨攤 2 納緒古董市集，天寒飄雨，遮雨傘下的攤位。 3 納緒古董市集中的瓷器與玻璃瓶攤位
4 納緒古董市集的西洋精美大瓷瓶

　　本來維也納的物價是很高的，然而這個市集的東西卻特別便宜，價錢僅約市區古董店的十分之一。我買了一座六燈泡的枝形銅吊燈（Chandelier）才100美元，如果在市區的古董店，任何簡單式樣的一座吊燈至少要1000美元。我回到旅館後愈想愈高興，於是第二天再去納緒市場尋寶，又買了一個更大的八燈泡銅吊燈及二個銅壁燈。但想不到這個吊燈是實心的，重量不輕，又正逢寒冬的傍晚，陰霾的天氣容易使人心情憂鬱，我已在外面跑了一整

天，身心俱疲，沈重的銅燈幾乎讓我難以提起，雙腿蹣跚幾近癱軟，勉強提到火車站，當下心情低落萬分，想到下火車後還有一大段路才能到旅館，而我的行李早已撐滿，再也塞不下這座大燈，種種的難題使心頭愈想愈累，最後當機立斷，決定捨棄這個笨重的東西，就把它棄置在候車室裡。

　　此後我仍對於當年納緒市場古董品的豐富與價廉一直念念不忘。2009年初夏，為了趕赴古董市集，我特地選擇假日來到維也納，沒想到早晨下著大雨，天空陰沉沉地，似乎是個不可能放晴的天氣，一早我撐著傘，急奔夢寐中的納緒古董市場，心裡一直懸念著，不知古董攤會不會缺席？在雨中納緒市場終於出現在眼前，它依舊繁榮，蔬果肉類等民生用品依然豐富，但販售古董的區域似乎遠不及前，也許是大雨的關係，擺攤顯得零零落落，只有場地的三分之一，貨品內容也遜於從前。看了幾攤，我只買到一片僅2歐元的老蕾絲，算是便宜。不過話說回來，那麼大的雨，又是濕冷的天氣，客人必定不多，有這幾攤陳列貨物已算是不錯了。到了下午天氣轉晴，但古董攤也沒增加，反而有些古董商已收攤回府。有趣的是，這時候在路邊冒出了不少小地攤，都是些日用品舊貨，也就是二手物品，想不到高雅繁榮的維也納竟然也有人在買賣這種東西。

　　納緒市場位於維也納4號線地鐵的凱特橋（Kettenbrückengasse）站出口，整個市場長達1.5公里，是夾在維也納左道（LinkeWienzeile）與維也納右道（RechteWienzeile）兩條街道中間的露天市場，是維也納最普羅大眾的地方。這個市場從16世紀就開始營業了，可謂歷史悠久，當時主要是販賣榛木（Asch）做的牛奶桶，即稱為艾緒市場（Aschmarkt），這裡也賣很多甜點，而Nasch在德文是甜點之意，後來名稱就演變成納緒市場（Naschmarkt）。

　　1793年開始，這裡已成為一個果菜批發與零售市場。如今這裡號稱一天營業二十四小時，可買到來自世界各地的蔬果、花卉、海鮮、肉類、乾貨、服飾及日用品，此外也有餐廳及咖啡廳。這裡是個很國際化的地方，有東歐人、土耳其人，以及亞洲人各式的攤販。這些攤位都是常設的，每天營業。對我來說，最重要的是從1977年開始每週六、日出現的古董市場，就在花卉區之旁。

1 納緒市場旁的分離派青年風格大樓,19世紀末建築師華格納的作品。 2 納緒市場下午東歐移民的舊貨攤 3 維也納的古董店,分佈在博物館區附近街道。 4 維也納古董店的招牌 5 維也納的古董小店,大多為瓷器、銅塑、首飾或紀念章。 6 維也納古董店中的西西皇后古董紀念品

在納緒古董市場外側維也納左道旁是一整排公寓,牆面帶有裝飾圖案,一棟為金箔女妖圖案,另一棟為捲曲花卉圖騰,建築外牆的牆面雕塑細膩,鑲嵌精緻。這是19世紀末著名建築師華格納的作品,屬於「青年風格大樓」,是所謂的分離派。分離派是1897年畫家克林姆、建築師華格納、魯道夫洛夫等十多位藝術家成立的藝術團體,自此宣告脫離維也納主流的復古主義,展現個人的創造性風格。而古董市場另一側的維也納右道旁,則是維也納的中國城,可看到幾家華人超市、中餐廳及同鄉會館。

MARCEL WANG
ANTIQUES
EINKAUF-VERKAUF
MW SPIEGELGASSE 25

這年頭歐洲各大古董市集普遍缺貨，導致很多古董店紛紛收攤。歐洲高檔古董有偽仿可能，但中低檔古董只有年代遠近的考量，不涉及真假問題，所以中低檔古董售罄之後，市場就缺貨了。而缺貨的原因大多指向日本、中國、韓國等新興富裕國家的採購，他們到歐洲各地大量收集古董，歐洲古董市集的古董雖不夠高檔，但便宜又有風味，一般古董店規模又不大，他們經常全店包購，再以貨櫃運回國內，找倉庫儲存起來或開設古董店。據我所知，台北就有位年輕新貴，以美金一百萬資金，在歐洲古董市集大量採購，回國連開了三家大型歐洲古董店。此外，台北另有三家倉庫型西洋古董跳蚤市場。

三百年歷史的多羅泰拍賣公司（Dorotheum）

維也納是歐洲最優美與高雅的城市，奧匈帝國貴族的氣息依然留存，各處有古典音樂、洛可可建築、咖啡廳及充滿幸福感的巧克力和糕點。當然藝術收藏的古董店也是不少，維也納的古董店集中在侯夫堡舊皇宮，即現在博物館區附近街巷，諸如多羅

泰巷（Dorotheergasse）、史必格巷（Spiegelgasse）、葛魯克巷（Gluckgasse）、普朗克巷（Plankengasse）、布勞納街（Bräunerstrasse）等街。

在多羅泰巷可看到名為「Palais Dorotheum」（多羅泰宮）的雄偉建築，遊客常以為又是一棟博物館或公家機構。其實這是維也納有名的多羅泰拍賣公司，是中歐及德語區最大的拍賣行，創建於1707年，至今已有三百年歷史，是世界最古老的拍賣行之一，比蘇富比與佳士得拍賣公司還早上數十年。多羅泰當初是奉奧匈帝國皇帝約瑟夫一世之命所設立的抵押拍賣局，從事貸款及拍賣業務，後遷入多羅泰修道院舊址，帝制取消並民營化後，改名為多羅泰公司，致力擴大經營及國

1 維也納的古董店，規模較大的古董店可找到油畫及古董家具等大件物品。2 維也納的古董版畫店 3 維也納的古董店，在博物館區集店成市。4 維也納古董店中的銀雞古董，巧匠的藝術品。

際化，在世界各地設有二十七個分處。每年舉行六百次拍賣，擁有百多位專家，提供種類繁多的古董藝品拍賣，包括老汽車、簽名、卡通、古董兵器等特殊項目。多羅泰除了拍賣業務，也有實體店面，是維也納規模最大的古董店，其二樓的銷售部擺出各式各類的古董及藝術品，皆公開標價，顧客不待拍賣即可選購，很多是具有博物館水準的。其多位業務員通曉各國語言，講華語當然也通。多羅泰在國際上最有名的應是油畫及珠寶，其畫廊擁有各時代名家作品。其珠寶部門則是維也納最大的珠寶店，不僅有古典珠寶、名錶、時尚名品，甚至有多羅泰自己品牌的珠寶。收藏家缺錢的話，多羅泰還提供古董的抵押貸款（類似華人的當鋪），不需透過銀行，可立刻拿到現金。

也許是因為有了多羅泰那麼龐大又包羅萬象的古董店，在這種寡佔的市場下，其他的古董店多不大。然而古董的每件器物皆是獨一無二的，貨品來源的取得常是古董業最重要的事，各家古董店只有力求項目的專業，所以在維也納看到的古董店大多是具有專業性的，如古地氈店、老瓷器店、舊音樂書店、老紀念文物、古宗教品店等。其中紀念文物最多的是西西皇后，她的小銅像、瓷盤、紀念品、徽章及油畫等到處可見，19世紀的西西皇后，是奧地利末代皇帝約瑟夫一世之妻，氣質高貴典雅又平民化，甚受民眾愛戴，至今仍深植人心。古老宗教物品店主要的是聖像畫、瑪利亞聖像、聖杯及燭台等，平常這種文物大多出現在天主教或東正教國家。

　　維也納的古董藝品皆甚華麗，就如其帝國曾有的輝煌。維也納19世紀生產的新古典瓷器及精緻的咖啡杯盤，具有豪華的鍍金渦卷裝飾，立體的邊帶與彩畫，長期以來為人們所喜愛。

1 中央咖啡館內部總是高朋滿座 **2** 多羅泰拍賣公司大門，為古老修道院舊址。 **3** 多羅泰拍賣公司內部，拍賣會的預展。
4 中央咖啡館就是作家艾騰伯格名言：「我若不在咖啡館，就是在往咖啡館的路上」中所提的咖啡館。

　　至於中國古董，在古董店櫥窗看到的中國古董全是瓷器。從前歐洲流行中國風，奧匈帝國時期皇室自然收購不少。泰瑞莎女皇也喜歡中國瓷器，在維也納麗泉宮就有二個房間是專門陳列中國瓷器的，豎式壁爐及盥洗盆喜用白底描藍的青花風格，還把青花瓷鑲在牆壁上。

維也納最有名的中央咖啡館（Café Central）

　　古董店逛累了，想找一家咖啡館歇腳，維也納有的是好咖啡館，最有名的就是1868年開幕的中央咖啡館，這家咖啡館歷史悠久，建築典雅，內部陳設引人入勝，其高挑的大廳具哥德式穹窿，聳立著十餘根圓柱，懸掛幾座黃銅吊燈，19世紀時出入本咖啡館者皆為藝術家與作家，也是作家艾騰伯格名言「我若不在咖啡館，就是在往咖啡館的路上」中所提的咖啡館。中央咖啡館被本地人視為維也納咖啡館中的皇冠，至今仍保存著藝文氣息的咖啡文化。在這裡吃一份午餐，再點一杯加牛奶的米朗琪咖啡及蛋糕，真是在維也納作客的一大享受。

納緒市場(Naschmarkt)
地點／ 維也納左道(LinkeWienzeile)與維也納右道
　　　　(RechteWienzeile)
時間／ 古董市集在星期六、日
交通／ 地鐵4號線的凱特橋(Kettenbr ckengasse)站

多羅泰拍賣公司 (Dorotheum)
地點／多羅泰巷
時間／週一至週六
交通／ 地鐵1號或3號線的史蒂芬場場站
　　　　(Stephansplatz)
網址／ www.dorotheum.com/cn/auktionen.html

世界著名跳蚤市場

Exploring the World Famous Flea & Antique Markets

與古董市集

[俄羅斯]

莫斯科

莫斯科的古董之旅 ❖
──建立在歷史文化上的回憶

> 觀光藝品不是我尋寶的主題，我要找的是獨特又有年
> 代的老東西，這種東西主要在後面小山坡上的舊貨市
> 集，只因這個舊貨市集收攤得早，一般遊客常在前頭
> 的藝品攤耗費了時間與精力，殊為可惜。

　　以前在英國唸書時，總計畫著放長假要去那兒玩，難得的假期，理當選擇一個最特殊的
地方遊覽，那才有意思，我最後選定了莫斯科與聖彼得堡。

　　要去俄羅斯，得到倫敦的俄羅斯大使館辦簽證，首先我花了半天時間才終於找到了大使
館，卻發現使館外頭早就大排長龍，只好加入冗長的隊伍。可是排了一個鐘頭，隊伍竟然文
風不動，眼看這一天根本不可能輪到我，非放棄不可，於是走回車站。等車時無意間撿到一
張小報，裡面刊登一則專辦俄羅斯旅遊的廣
告，於是我打電話去問，知道可以代辦簽
證、機票與旅館，於是全委託對方了，並選
了一個價錢公道的民宿，我到處旅行愛住各
式民宿，一來便宜，二來可深入當地民情。

　　莫斯科是俄國之旅的起點，當飛機抵達
時，民宿主人已在機場等候接機，他是位退
休的數學家，開了一輛二十年的老車，輪胎
早已磨平，根本看不到胎紋，甚至連雨刷也
沒有，偏偏這時又下起雨來，一路上險象環
生。他告訴我：「在莫斯科沒有計程車，但
每輛私人車也都是計程車，只要一招手，就
會有車子停下來載你。」後來我在莫斯科到
處閒逛，隨便都招得到車子，屢試不爽。只
是他們的車子都很老舊，這時我才知道，原
來車子是可以使用二十年以上的，但在台灣
只要車子五年以上，就會被嫌棄。

莫斯科教堂座落於紅場旁

懸詩求售的阿爾巴特街（Arbat Street）

　　莫斯科是個雄偉而美麗的城市，到處都是高大壯觀的建築，寬廣的街道，洛可可式的雕刻。市區的古董店集中在阿爾巴特街，該街是莫斯科市的第一條徒步街，緊鄰莫斯科河，是當地的觀光景點之一，旅行團都會到此一遊。阿爾巴特街的小店舖一家挨著一家，商品種類繁多，有高檔的古董，也有偽造的假古董。但最多的還是觀光藝品，如俄羅斯護耳皮帽，各式小首飾，琥珀、水晶、護身符，披肩、皮件小包，宣傳畫、軍用品、棋子及玩偶套娃等，還有街頭作畫的藝人、露天咖啡座、酒吧、劇院及餐廳。但最令人稱道的是街頭畫家所掛之畫旁，貼著幾張稿紙，竟是一篇篇的手寫詩歌，詩人坐在小凳上懸詩求售，這可是世界僅有的景象，俄羅斯在此維持著一點文學氣息。

　　阿爾巴特大街是個古老社區，街道保存有許多古意盎然的二、三層樓建築，外牆漆著鮮豔的粉紅、天藍或橘黃色。街道兩旁路燈則是煤氣時代的玻璃罩街燈，相當罕見。阿爾巴特街周圍一開始是個小村鎮，1493年時，街上一座教堂由於一根蠟燭引起了非常可怕的火災，因此在莫斯科俗諺：「一根小蠟燭能把莫斯科燒盡」。從18世紀後半葉起，這裡居住了不少有聲望的貴族，也吸引許了多藝術家、詩人、音樂家，來此聚集交流藝文資訊，而匯聚出波西米亞的

1 莫斯科地鐵站的馬賽克壁畫 **2** 莫斯科地鐵站中的馬賽克壁畫 **3** 俄羅斯布娃娃純手工縫製，是家庭副業的產品。**4** 莫斯科的阿爾巴特街，最熱鬧的行人徒步區。**5** 俄羅斯古董店的琥珀，琥珀為其特產。**6** 莫斯科的阿爾巴特街夜晚雪景

藝術風格。有句話：「要財路，去莫斯科河岸；要仕途，去聖彼得堡；要知識與回憶，去阿爾巴特街。」

　　拿破崙佔領莫斯科時，這條街幾乎完全被摧毀，1812年後才又重建。俄國著名詩人普希金與美麗妻子納塔麗亞新婚之後，曾遷至阿爾巴特街53號，在此度過一段短暫的幸福時光，現在他的故居已成為博物館，屋前立有他倆攜手的銅雕像。

　　阿爾巴特街的名氣是建立在歷史與文化上的，這裡雖然維持著幾家書店與古董店，但其他商店已過份商業化及市儈氣，俄羅斯套娃及一般旅遊紀念品攤販畢竟庸俗，所以有識之士亟意提升這條街的水準，計畫將這條街改成古籍書店街，擺售古董、舊書及藝術書刊。老一輩的人較懷念舊時代，莫斯科與聖彼得堡曾是世界最有文化水準的城市，市內最多的商店是書店，連地攤賣的都是藝術圖書，聖彼得堡全市成人中，有八成是大學以上的學歷。

伊茲瑪洛夫斯基（Izmailovsky）公園的舊貨市集

　　莫斯科的跳蚤市場在東北郊的伊茲瑪洛夫斯基公園，從遠處即可看到林立的彩色尖塔及洋蔥頭，有如童話故事般的建築物，市場周圍是城堡式木造城牆，市場內建築及攤位皆為木造，甚具俄羅斯風味，入口處有個穿傳統服裝的年輕人負責收門票，票價15盧布。市場規模極大，曾被報紙票選為全俄貨色最齊全的市場，不只觀光客，連本地人也愛來。市場前半部是藝品攤，盡是些手工藝品，民俗工藝反映了部分的地方文化，俄羅斯盛產木材，很多以白樺木製作的工藝品，例如套娃、彩繪漆器、音樂盒等，其工藝品大多有繁複華麗的風格，圖案多為俄羅斯神話主題的彩繪，不只表現在木藝品上，連陶瓷藝品及披肩織品也帶著繽紛的圖案與色彩，在白雪靄靄的冬天，增添一絲溫暖熱鬧的氣息，撫慰人心並驅散寂寞。

　　但觀光藝品不是我尋寶的主題，我要找的是獨特又有年代的老東西，這種東西主要在後面小山坡上的舊貨市集，這裡有俄式風格的老生活用品，如舊書、餐具、銅燈、動物毛皮、家具及一些珍奇古怪的東西，若是用心尋寶，當然也可以找到古董之物。因這個舊貨市集在後頭，又收攤得早，一般遊客常在前頭的藝品攤耗費了時間與精力，而不知寶貝在後頭，殊為可惜。

　　來到伊茲瑪洛夫斯基，令人不禁想起從前的莫斯科的跳蚤市場，當時俄羅斯正窮，假日時很多攤販聚集在紅場旁邊，攤販賣的都是舊東西，大的攤販會開輛貨車來，小的攤販則僅是單人個體戶，有位中年婦女手上捧著一雙舊皮鞋兜售，一位面貌與身材皆標緻的小姐雙手攤舉一張手織桌巾求賣，我從一個穿著破舊的老先生手上買了一只舊懷錶，看得出，他特地

來賣這只錶的。我又分別向兩個小女孩買了二尊布娃娃，這是家庭製全手工費時極多的布娃娃。據説也可以在此市集買到軍火，販子會拿著槍彈照片供選購。從前的這個假日露天市集在國際上還小有名氣，吸引不少遊客來尋寶。

1 莫斯科的伊茲瑪洛夫斯基市場，俄羅斯最大的市場。**2** 伊茲瑪洛夫斯基市場之藝品攤，多為木刻藝品。**3** 莫斯科古董店的懷錶，懷錶是俄羅斯古董的一大宗。**4** 莫斯科古董店的珠寶，甚多宗教性文物。**5** 莫斯科古董店的銅燭台，多自從前東正教教堂流出。

1 俄羅斯古董店的聖像畫，屬於拜占庭式繪畫風格。2 俄羅斯刺繡桌布，色彩鮮豔。3 莫斯科教堂 4 俄羅斯古董店的聖像畫，具有撫慰人心、克服寂寞的作用。5 艾米塔吉美術館內的中國青花瓷

具有俄羅斯特色的古董聖像畫（Icon）

18世紀中葉俄國女皇凱薩琳二世酷愛藝術品及收藏，由於國富兵強，派專人四處收購美術品，在冬宮裡建造了「艾米塔吉」畫廊，擺放了世界級名畫及珍奇異寶。在她長達三十四年的執政期間，外交官購買名畫幾乎成為俄國外交官的主要任務，多次將收藏家或美術館的館藏全數購買，有時利用戰爭、他國君王政治危機或收藏家經濟困窘的機會，批購大宗的藏品。女皇還為購買藝術品特設一位藝術大臣，專門負責鑒定與收購，收購的都是當時的名畫之最，藝術品的頂級之作，同時她也向畫家們訂購作品。凱薩琳二世也喜愛中國瓷器及中國文物，在夏宮裡裝潢著中式客廳，在中國花園裡建有中式亭子及小橋。由於凱薩琳對藝術的愛好，創造了今日聖彼得堡的艾米塔吉美術館，成為世界四大美術館之一，為俄國後代留下了無法衡量的財富寶藏。上有所好，下必隨之，貴族與社會人士也雅好藝術收藏，也曾流行過中國風，所以俄羅斯境內確實擁有不少的藝術品。在共產時代，百姓生活窮困，俄羅斯的藝術品曾透過走私，外流不少。

至於俄羅斯自有特色的古董藝品，應是聖像畫、美術及沙皇彩蛋。

聖像畫（Icon）及宗教用品是俄羅斯古董店的一大宗，古代的俄羅斯民間生活用品大多是質樸的，而精緻的藝術品多用為宗教服務，俄羅斯共黨革命後，推動無神論，東正教堂的聖像畫及宗教用品遂流入古董市場。我在一家三合院式老宅的古董店逛，這是一家真正的古董店，滿屋拜占庭式繪畫風格的聖像畫、聖壇燭台及聖杯。

1 莫斯科的伊茲瑪洛夫斯基市場的彩蛋攤，彩蛋亦為俄羅斯特產。 2 歷史悠久的莫斯科國營中央百貨公司

「這幅聖像畫多少錢?」我挑了一塊背板老舊，看似真品的畫問道。

「100美金，但我認為你不會買，從來沒有東方人買過聖像畫。」這位年輕的女店員似乎故意激我，但最後我還是隱忍未買。

聖像畫是一項重要的宗教藝術和文化遺產，在東正教裡，聖像畫具有獨特的神祕意涵，教徒的靈魂與畫中人接觸並結合，聖像畫便能夠淨化觀看者的雙眼，提升他們虔誠的感悟力，參透上帝的神祕啟示。

我在古董店發現有座銅雕極為精美，但其體積不小，擔心帶不出海關，因為俄羅斯古董是不能出境的，所以不敢貿然買下。

俄羅斯美術曾是藏家所致力追求收藏的標的，其包含俄羅斯各時期的多種畫派，是普獲國際肯定的藝

▶ 阿爾巴特街
　地點 / 阿爾巴特街
　交通 / 地鐵深藍、淺藍、灰色及紅色線交會站
　門票 / 無

▶ 伊茲瑪洛夫斯基跳蚤市場
　地點 / 東郊的伊茲麥洛夫斯基公園
　時間 / 週六、日9:00-18:00
　交通 / 地鐵深藍色線伊茲瑪洛夫斯基公園站
　門票 / 15盧布

術，亦曾影響世界美術的潮流，重要特點在於鮮明的寫實手法與嚴謹的畫風。但俄羅斯名家美術作品如同其古董，是禁止外流的，從前因價錢便宜，曾大量走私流出國外。

俄羅斯沙皇彩蛋又名「沙皇祕寶」，被稱為俄羅斯國寶，2007年一枚俄羅斯沙皇彩蛋在佳士得以近900萬英鎊拍賣成交，打破了2002年另枚彩蛋新台幣3億元的拍賣紀錄，足見其珍貴。沙皇彩蛋歷史並不久，1885年俄羅斯沙皇亞歷山大三世為了送給皇后瑪利亞禮物，命一位名叫法柏奇的寶石工匠製造，他用各式寶石、鑽石、黃金和象牙來製作一枚裝飾品彩蛋，它的形狀及設計非常高貴、精緻，深獲皇后與沙皇喜愛。法柏奇因此榮膺皇家御匠之譽，並揚名歐洲。後來法柏奇又為沙皇及貴族們製作六十餘枚彩蛋及其他工藝品，他製造的工藝品現在皆價值不菲。

近年俄羅斯經濟起飛，成為國際上金磚四國之一，新增不少富豪，他們陸續在世界各地買回舊俄的古董文物，特別是瓷器、美術、銀器、彩蛋、獎章等項目，造成俄羅斯藝術品價格屢創新高。今日莫斯科的物價指數已高居世界第一，別夢想能再買到物美價廉的藝品了，而且莫斯科的治安頗壞，自助旅行是相當危險的，應極謹慎。

世界著名跳蚤市場
Exploring the World Famous Flea & Antique Markets
與古董市集
［土耳其］

伊斯坦堡

伊斯坦堡大市集 ❖
──夢幻迷離的古老市場

> 伊斯坦堡大市集瀰漫著回教沉穆的氣息，有點憂傷，有點失落感，仍殘留鄂圖曼帝國的輝煌記憶。拱門、石柱、長廊、窄巷、錯綜的市集，各商店高堆或由牆及天花板懸掛下的商品，忙碌的商人，負重的腳伕，戴面紗的女人成群往來。這是個美麗堂皇的市場，絢麗得足以讓你的感官一片空白。

1 大市集內拜占庭式的高大拱廊與穹頂 **2** 大市集內的穹頂內裝鉛片防水，曼妙精美的彩繪圖飾。

混合東西方文明的城市

　　從前我最盼望去的地方，就是土耳其伊斯坦堡的「大市集」（Grand Bazaar），小時候曾看過介紹，內容提到「大市集」是全世界最大的市場。伊斯坦堡位於亞洲大陸與歐洲大陸的交會點，為東、西方文明混血並存的區域，也是基督教與回教相互傾軋的地方，它是鄂圖曼帝國輝煌歷史所殘留的遺址。伊斯坦堡古名君士坦丁堡，西元330年羅馬皇帝君士坦丁大帝決定將都城自羅馬遷到拜占庭城，在此建立了拜占庭帝國。

　　伊斯坦堡這個偉大的城市，只在我的夢中出現。直到前幾年，我向老闆毛遂自薦出使西域，願出差歐洲去推廣業務，我甚至保證，如果沒有成績的話，旅費就自行負擔，老闆在感動之餘不但立即同意，而且不好意思讓我自費旅行。

我商旅的第一站就是伊斯坦堡，我帶著公司樣品及手提電腦，從中正機場搭機前往，這時我心想假如早生個千年，我應該從長安騎駱駝，走絲路前往伊斯坦堡，可能還需要加入商團，一群人在沙漠上好相互照應。這種拂曉行夜宿青峰的旅行，正是：「今夜未知何處宿，平沙莽莽絕人煙。」不過今日搭飛機也不一定比騎駱駝走絲路安全，因為我的行李竟在轉機時失蹤了，害我在旅店裡多等了二天，最後行李總算轉過來了，差點就真的丟掉公司樣品。

　　雖然當地的客戶告訴我，「大市集」是賣觀光客的，東西不便宜。但我仍迫不急待想去見識。伊斯坦堡的「大市集」自鄂圖曼帝國時代就已設立了，自古就是歐亞商品集散之地，中東神祕的油燈、彎刀、地毯等，深深地吸引著我。我幻想可以在這裡找到流落中東的歐洲古董，甚至早期由絲路運來的中國貿易品，被不識貨的攤販擺在角落一旁，一想到這裡，我就很興奮，多麼期待來到這個夢寐的市場尋寶。

　　結果我並未發現夢中的阿里巴巴寶物，但是卻看到喝土耳其咖啡的銅壺、阿拉伯彎刀，看到了所謂的土耳其藍，我喜歡的中東地毯確是不少，我請商家翻出一些老地毯給我看，可惜價錢並不便宜，所以我一樣也沒買。因客戶作陪，我只利用半天的時間走馬看花地匆匆一瞥，對這奇特的中東風情沒能盡興遊覽。

1 大市集內之街巷多達六十條，錯綜又複雜。 2 首飾盒 3 五彩斑斕的燈店 4 大市集的地毯店，地毯為大市場最古老之商品。 5 大市集門外擺攤的婦女，在現場編織皮製衣物。

5

1 大市集第一號大門為1461年所建 **2** 大市集第五號門，大市場共有十一座大門。 **3** 大市集第七號大門為1461年所建 **4** 大市集的圍巾攤，有各種材質與設計之圍巾。 **5** 大市集的陶瓷攤，土耳其陶瓷之圖案生動優美。

大市集（Grand Bazaar）－鄂圖曼帝國的輝煌遺跡

2009年為了採訪大市集的最新資料，並探尋伊斯坦堡的古董市場，我又來到伊斯坦堡的大市集。我現在終於可以仔細地欣賞並拍照了：這是一棟龐大的拜占庭式的石屋，灰色高牆圍著不規則的建築，上方聳立著數百個裹著鉛的小圓閣，為了採光而被鑿了洞，充滿中東伊斯蘭風格，高高的天花板，壯觀的圓柱，古典中帶有氣派。雖是市場，仍保有西亞文明古樸肅穆的氣氛，在朦朧的光線下，映照著琳瑯滿目的手工藝品、古董及地毯，神祕迷離、飄渺如夢的伊斯蘭氣息，把我帶入遐思冥想的境界。

伊斯坦堡大市集（Grand Bazaar）又名卡帕里市集（Kapali Carsi），是世界最大的室內市場，面積廣達20甲，共有十一個入口，五千家商店，五十八條街，每天有二十五萬至四十萬人潮。大市集是在大約1455至1460年間鄂圖曼帝國攻取伊斯坦堡不久，奉征服者穆罕默德二世之命所建，最早只有二座建築，到了1461年已成為一個重要的貿易據點。16世紀謝里曼蘇丹擴大增建圓頂哥德式穹窿弧稜拱廊，騎樓網路不斷地向四方擴展，1894年大地震後做了主要的重建，整體結構上還是鄂圖曼古典風格。市場的內部街道縱橫，街道皆以商販為名，例如金匠街、地毯街、鞋匠街、首飾街、皮帽街等等。還包括土耳其浴室、餐廳、小清真寺，甚至學校。現今這個市集繁華盛況如前，所有國際觀光客都會到此一遊，每天人潮絡繹

不絕，是鄂圖曼帝國的遺跡，瀰漫著回教沉穩的氣息，有點憂傷，有點失落感，仍殘留鄂圖曼帝國的輝煌記憶。

舊博得斯坦（Bedesten）裡的古董店

大市集的古董店集中在舊博得斯坦區域，該區位於大市集的中心，也是大市集最古老的地區。其古董大多地毯、銅壺、油燈、水煙管、銀飾、陶器等，屬於鄂圖曼時期的民生用品，頗有典型的中東風情，但以普通貨色居多，沒看到精彩的土耳其古董，可能是古董禁止出口的關係，或早就被富裕的歐洲人購藏了。至於中國古董，更為少見。宋、元、明、清時期，中國瓷器曾大量外銷，伊斯坦堡是一大貿易據點，托普卡帕宮（Topkapi Sarayi）收藏的元青花瓷器還是世界首屈一指，比之台灣與中國所藏的還豐富，可見古代土耳其與中國貿易之熱絡，應存有流失海外的中國古董。但如今在大市集只看到幾個青花小瓶及小碗，開價都極高，此外未見早期中國外銷瓷。據我所知，中港台的古董商人早就赴海外各地尋寶，他們尋著絲路路線找中國海外遺珍，香港知名古董商翟健民曾說，他1980年代就到土耳其尋貨了，其後往來土耳其的中國人更是不少，那些中國古董早被精明的香港與大陸業者捷足先登。

市場內商家大多站在店門外拉客，只要有客人路過時，用餘眼瞄一下櫥窗，店家不知從那裡冒出來的，立刻在你身旁熱情招呼，即使你只是趕路走過，店家甚至隔著街道向你招攬生意。只有古董店的老闆最為篤定，他就只坐在店內，悠哉地看他的報紙或喝他的蘋果茶，因為他知道，不會買古董的普通遊客，即使費力拉

1 大市集古董店內之土耳其石及琥珀 2 用以避邪之藍眼瓷器,故事起源自梅杜莎之藍眼。 3 大市集古董店,其器物多為東西方混合風格之物。

客也沒用,想找古董的人,不用招呼自然會送上門來。所以漫步在古董區,遊客可以鬆一口氣,自在地逛櫥窗,不會有店家來打擾。在大市集購物時,千萬記得殺價,通常從半價喊起,但古董價錢稍硬,沒有太大的議價空間。

市集內的珠寶店最多,1976年曾有四百七十二家珠寶店,除了閃亮的金飾寶石外,還有傳統設計的銀飾手工藝品,金飾設計極其華麗與精美,好像蘇丹后妃的首飾。皮製品也很多,它是土耳其重要的手工藝及工業。有趣的是,到處可看到一種藍色圓瓷圈,那代表梅杜莎的眼睛,可以避邪。希臘神話故事裡,海神的女兒梅杜莎有雙深邃的藍眼,看到她眼睛的人立即會變成石頭。

1 大市集的咖啡座，市場面積廣闊，咖啡座提供土耳其咖啡與蘋果茶。 2 大市集古董店中的中國白瓷像，伊斯坦坦堡曾為古代絲路終點，略有中國文物。 3 大市集的玫瑰精油店，土耳其玫瑰朵大花香，可製高級精油。 4 土耳其人熱愛金飾，大市場內設計華美之金飾品。 5 大市集古董店有如阿拉丁寶窟 6 瓷盤店

　　另一項有名的產品是土耳其玫瑰精油，它是全世界最頂級的玫瑰，大多被法國香水業收購。大市集內只在新博得斯坦找到一家土耳其玫瑰精油專賣店，店主阿里說，他父親及祖父皆從事香水事業，他家的店已有八十年歷史了，他賣的是百分之百的純精油，玫瑰精油不只是芬芳，土耳其婦女夜晚臨睡前擦拭玫瑰精油，可以養顏護膚，若將精油灑在絲巾上，濃郁甜美的香味歷久不散。

絢麗得讓人感官空白的「大市集」

　　一百四十年前，義大利軍官德阿米西斯對大市集有生動的描述，可以對大市集的今古作個對照：「一旦進入市場裡面你會感到惶惑，其間擠滿人群，每條都是市集，且幾乎都由一條主街延伸出來，各有黑白石塊相間的屋頂，並以寺院內正廳的阿拉伯雕飾裝飾著。在燈光黯淡的街道上，馬車、馬伕、駱駝往來絡繹不絕，轟隆之聲直震天際，旅客到處處可見，比手畫腳談論著，希臘商人大聲叫喊，態度頗為傲慢，同樣狡猾的亞美尼亞人卻溫和逢迎地叫賣，猶太人在你耳畔談交易，沉默不語的土耳其商人則是盤腿坐在店門口的地毯上，以眼睛招攬客人，一副聽天由命的樣子，十種聲音同時召喚著你：先生！船長！紳士！太太！大人！等，每個轉角側門旁則見拱門、石柱、長廊、窄巷、錯綜的市集，各商店高堆或由牆及天花板懸掛下的商品，忙碌的商人，負重的腳伕，戴面紗的女人成群往來，永不停止的嘈雜聲幾乎令人窒息……。這是個美麗堂皇的市場，絢麗得足以讓你的感官一片空白，你會步行於成堆的巴格達織物、亞美尼亞地毯、布羅沙絲綢、印度斯坦尼龍、孟加拉綿布、馬德拉斯披肩、印度或波斯的喀什米爾棉，以及許多由開羅來的棉織品，用金線織成的彩墊，繡上銀紋的絲質面紗……。」

▶ **大市集**
　開放時間／週一至週六9:00-19:00
　交通／電車站Beyazit，或從聖蘇菲亞大教堂／藍色清真寺步行約15分鐘。

◆ **亞拉斯特商店街**
　開放時間／週一至週日9:00-19:00
　交通／電車站Sul Tanahment，或從藍色清真寺步行約10分鐘。

我根據一本譯成各國語言的伊斯坦堡旅遊書按圖索驥，書上說大市集新博得斯坦每週一與四下午有拍賣會，我特地準時到場，但現場毫無跡象，一位資深商家告訴我，拍賣會已經停辦二十餘年了。後來我在附近牆上看到了一張紀念告示牌：新博得斯坦在1914至1980年間曾作為拍賣場地。

伊斯坦堡另一個市集是亞拉斯特商店街（Arasta Bazaar），位於藍色清真寺旁，該商場四百年前與藍色清真寺同時建造，作為供養藍色清真寺之用。現在商場設有四十家專賣土耳其傳統物品的商店，有地毯、披肩、水煙壺、飾物、香料、避邪眼等，還可在這裡試抽土耳其水煙。

1 大市集外之街巷商店可延伸至香料市場，形成一個大範圍的商業區。 2 大市集的樂器店極具伊斯蘭風情 3 亞拉斯特商店街的咖啡座，該街專售土耳其傳統手工藝特產。 4 聖蘇菲亞教堂內部，有一千五百年歷史。 5 土耳其瓷器貓咪，土耳其人愛貓，貓飾品甚多。

伊斯坦堡的香料、舊書與老地毯市場 ◈

> 伊斯坦堡的香料市場五顏六色，色香俱全，還有很多奇特的東西，令人有一種豐衣足食的幸福感。二百年歷史的沙哈法舊書市場，佈滿長春藤的庭院下可喝咖啡及品茶。你知道嗎？很多回教徒一生最大的願望，就是能有張好地毯來做祈禱。

充滿異國神祕氣息的香料市場（Misir Carsisi）

　　伊斯坦堡的香料市場也叫埃及市場（Misir Carsisi 或 Egyptian Bazaar），雖然賣的不是古董，但賣的辛香料卻是一種千年傳統貨品，市場本身又有悠久的歷史，知名於全世界，嗜古者到土耳其非拜訪不可。

　　伊斯坦堡的埃及香料市場是世界最大與最古老的香料市場，L型的市場，一段長150公尺，另一段長120公尺，於1664年建造完成，位在金角灣旁，有著拜占庭式的高大拱廊，貨船一到岸就可直接將貨搬進市場。市場內可謂色香俱全，五顏六色的粉末及誘人的香味，充滿異國神祕氣息，很像台北迪化街的乾料舖及中藥店，甚為平民化，各家店擺設美觀又漂亮，無不出奇制勝來吸引客人，令人有一種豐衣足食的幸福感。

　　這市場每天人潮如織，客人除了觀光客外，大多是本地人，因為這一帶是本地人傳統購物重地，可以買到各種民生必需品，也可看到一些穿黑衣包著面罩的婦女，她們是從鄉鎮來的傳統回教徒，特地進城到市場採購辛香料。

1 香料市場外貌，建於1664年，面對金角灣。 2 香料市場，內有拜占庭式的高大拱廊。 3 香料市場之成堆香料，如檸檬茶、咖哩粉、薰衣草等。

　　香料市場前是一座大廣場及金角灣，橫跨金角灣的是格拉塔橋，有趣的是，橋的上層有很多人在垂釣，橋的下層則有很多海鮮店。不過，最熱鬧與最夯的是海灣邊的煎魚麵包，廚師在二艘搖晃不已的船上煎沙丁魚，而遊客坐在露天小板凳上愉快地吃著香嫩多汁的魚堡，誘人的魚香直飄香料市場門口。

　　伊斯坦堡的香料市場在三百年前就已吸引歐洲人的興趣，他們想要體會東方風情，最方便到達的地方是到伊斯坦堡，19世紀旅客更可搭乘東方列車到達伊斯坦堡，香料市場總是讓他們嘖嘖稱奇。1851年法國作家狄奧菲勒・高提爾（Théophile Gautier）如此描述香料市場：「其貫穿巨大廳堂的通道是保留給販賣商和顧客行進所用的，在此你會沈浸在充滿異國風味的撲鼻香氣中，飄然欲醉，隨處都有成包成堆的展示香料商品：指甲花、檀香、肉桂、安息香、龍涎香、乳香、薑、豆蔻、鴉片及大麻等，盤著腿的商人們漫不經心地顧著這些商品，似乎皆已被浸透著的芳香麻醉了。」市場內貨品繁多，除了香料之外還有些奇特的東西，例如含蜂巢的原生蜂蜜、來自地中海的天然海綿、頂級的大馬士革玫瑰精油等等。

為什麼叫埃及市場呢？當初鄂圖曼帝國統治埃及時，從埃及課徵到的香料貿易稅，才建築了這座香料市場，此外，當時此地是埃及香料商聚集之地，習慣叫埃及市場。埃及人是買賣香料的鼻祖，埃及更是香料市場的發源地，埃及市場幾乎是中東人買香料的代名詞。

　　埃及法老王早在西元前二千年就已通過海洋取得東方的香料，埃及人熱愛香料，也善於使用香料。大家都知道，埃及豔后乘船親迎羅馬的安東尼將軍，巨帆是茉莉花油浸過的。埃及木乃伊是以香料防腐的，埃及至今仍有不少的香料店，但埃及在香料商業的主宰優勢，遠在二千年前就喪失了，因為香料貿易隨著政治勢力而變遷，在拜占庭王朝至

鄂圖曼帝國，長達一千五百年時間，伊斯坦堡都為帝國的首都，也是絲路的終點，各種辛香料商品經由土耳其斯坦的駱駝商隊運抵伊斯坦堡，在海路上也曾有八十八艘貨輪運送香料商品到這裡，東方與非洲來的香料都集中到伊斯坦堡，然後再批發至歐洲各國。土耳其的地理位置為歐亞兩個世界的貿易，提供了最佳的場所，是世界香料的集散地。在這個環境下，伊斯坦堡建造了這座香料市場並不足為奇，令人驚訝的是，時至今日這座市場仍然在運作，而且人氣鼎盛、充滿生命力。

1 香料市場內之瓷器店，土耳其瓷器以花樣色彩聞名。2 香料市場內雜貨店，本店販售香料、玫瑰精油與天然海棉等特產。3 香料市場中的蜂蜜，以蜂巢塊呈現原始風味。4 香料市場的天然海綿，產自地中海。5 香料市場外面，亦是商店林立，遊客絡繹不絕，常見戴面紗的女人。6 香料市場的玫瑰精油店，土耳其是世界知名的玫瑰產地。

歲月悠長的沙哈法書市（Sahaflar Carsisi）

　　舊書是古董的一項，一個城市的舊書市集總是個迷人的地方，更何況是一座古老的舊
書市場。伊斯坦堡這座二百年歷史的舊書市場，對於嗜古或愛書者是不可不去的地方。沙
哈法書市座落倍亞齊清真寺與大市集旁，在佈滿長春藤的庭院，圍繞著數十家書店，庭院
中間種有幾棵老樹，樹蔭下可喝咖啡及品茶。自18世紀起，書商及出版社就在此聚集了，
每天有眾多愛書者蒞臨，交易熱絡。書市裏舊書與新書皆有，可蘭經及教科書並存，英文
及法文書也賣。此地往來顧客多為學者、文人及學生，有的是要找尋珍貴的絕版書，有的
是要找便宜的二手書，各人靜靜埋首於書堆，書香寧靜的氣息與旁邊萬頭攢動的大市集截
然不同。書店老闆自有相當的文化氣質，他們靜坐在店內或店門口，不像大市集店家總是
強力地招攬生意。

 伊斯坦堡的佩拉區的舊書店，佩拉區是西洋人居住區，宛如置身歐洲城市。  沙哈法書市大門，亦有四、五百年歷史。
 書市外牆邊地攤，販售回教念珠等小件宗教用品。

　　曾獲諾貝爾文學獎的土耳其作家帕慕克當然也常去沙哈法書市，他在《伊斯坦堡：一座城市的記憶》中寫道：「七十年代中葉，我每逢去大市集，便赴沙哈法二手書市，有次在一排排黃褐、發霉的廉價舊書中間，找到柯丘晚年自費出版的最後一批書卷……。」

　　舊書店老闆大多喜歡古董文物，店內多少有些老東西。有一家店內擺了二尊精美的小銅雕及老玻璃瓶，我眼睛一亮，驚喜問道：「這是老古董？」

　　「那是我的收藏，非賣品。」老闆自豪地回答。

　　書市另有一種精緻的手抄本，從帕慕克的小說中，可看出他對精緻手抄本與繪畫的熱愛，從前這種手抄本是請細密畫家及書法家製作，再以手工燙金裝訂完成的。土耳其的細密畫原是鄂圖曼帝國時代描繪宮廷和軍事活動的作品，畫家以工筆為書籍繪製插圖，由於圖畫

　　寫實又精細，很多一輩子從事繪製的畫家，眼睛終至失明，這種細密畫至今仍有畫家在進行創作。這些珍貴的精緻手抄本後來大多被拆解，逐張裱框，舊作比新作的價格高上許多。

　　在舊書店還賣有裱好了框子的土耳其老書法，舊土耳其文是阿拉伯字母的文字。土耳其書法又稱之為鄂圖曼文字，就像中文書法一樣，講究個人風格與藝術，書法家以蘆葦筆沾墨水寫作，創造有韻律或樸拙的筆劃，形成象形或圖案的結構，呈現文字的藝術。曾有詩人讚美：「每個字母好比一片海洋，每筆線條有如一波海浪，每個標點恰似一粒珍珠。」可惜土耳其為追求西化，放棄鄂圖曼文字，改用羅馬字母，至今少有土耳其人能識讀這些優美的舊文字了。

　　從書市穿過拱門，來到一座更大的庭院及老樹，是古老的倍亞齊清真寺的前院，這裡也聚集了不少人，但不是熙來攘往的遊客，而是一群本地老人家，及擺地攤的小販，他們或坐或站，穿著傳統灰與黑色的衣服，有些戴著土耳其便帽。地攤上的貨品很少，大多是舊回教宗教用品，也有僅在角落擺著三、五條念珠，靜候客人上門。我在書市逛累了，到這裡樹下坐一會，看看老人之間的互動，深有感觸，這才是土耳其傳統的風土民情，卻如一個舊世界的落日餘暉，顯得有些孤寂落沒。

1 沙哈法書市入口，此處有甚多小貓。2 土耳其手抄本附有細密畫插圖 3 書市中的細密畫，常敘述宮廷故事。4 書市外廣場之土耳其老人，專賣賣回教念珠。5 書市的貓，土耳其有句名言：「愛貓者信仰堅定。」

1 地毯店內，踩在像金銀珠寶般珍貴的毯上是奢侈的，但這種奢侈是偉大的。**2** 地毯店，很多回教徒一生最大的願望，就是能擁有張好地毯來做祈禱。**3** 大街上的地毯店，地毯可鋪、可掛、可祈禱用，亦可作為傳家的珍貴藝術品。**4** 土耳其人愛喝的蘋果茶，喜用玻璃杯飲用。

瀰漫著傳統風情的老地毯市場

地毯是中東人生活中不可或缺的用品，地毯除了鋪在地面也可掛在牆壁上，兼具實用與裝飾的功能，很多回教徒一生最大的願望，就是能有張好地毯來做祈禱。伊斯坦堡自古就是地毯貿易繁榮的城市，只要有遊客的地方就有地毯店，例如大市集、聖蘇菲亞大教堂、藍色清真寺、托普卡帕宮等地，這些觀光景點附近都有很多地毯店。老地毯是我喜歡之物，當我在葉尼大道（Yeniceriler Caddesi）上逛時，看到一條有老木屋的幽靜巷子，巷子兩旁掛滿地毯，於是拿起相機準備拍照，老闆立即在我側面出現，熱情親切地招呼。

「店內有很多地毯，我的房子有三百年歷史喔，進來看看吧！」

看看地毯又能夠參觀土耳其傳統老木屋是有趣的事，於是我跟著進去。只見屋內堆滿地毯，連牆上也掛滿地毯，我們踩著木造樓梯上樓，樓上又滿是地毯。

「你從哪裡來？日本？韓國？中國？」伊斯坦堡店家看到東方面孔，首先就猜想是日本人。韓國與中國都有航空公司直飛伊斯坦堡，其旅客也相當多。

「台灣。」

「啊！台灣與土耳其都是值得同情的國家。台灣是個好國家，你就把我當朋友，不當商人吧。」

看來這位店主相當有文化水準，又深具歷史情懷。土耳其與中國都曾備受西方國家掠奪，都徘徊在現代與歷史之間，諾貝爾文學獎得主土耳其籍的帕慕克對伊斯坦堡的形容就是廢墟與憂傷。

「你坐下慢慢看，我叫杯土耳其咖啡給你喝。」店主一定要我坐下休息。

他又說中我的心意，我正想找機會喝喝聞名的土耳其咖啡呢。不過濾的土耳其咖啡喝完後，杯底會存一層咖啡渣，據說還可由沉澱的渣型來算命。

在我喝咖啡的時候，店主已將地毯一張一張地攤開展示。待我喝完咖啡，他又遞上一杯土耳其蘋果茶，令我無法抗拒地試喝一口，現代的伊斯坦堡人喜歡喝蘋果茶，少喝土耳其咖啡，到處都看到玻璃杯的紅色蘋果茶。當蘋果茶喝完，我還沒有表示買哪張地毯，他說不急，他又建議我喝杯土耳其紅茶，其實我心裡早就急著想脫身，我若不對某一張地毯表示滿意，他就繼續搬出地毯來。而且他自己把價錢一殺再殺了。

我誠懇地說：「這種高價的貨品，我必須考慮一下，明天再過來決定，我在這裡還有幾天的時間。」

「你今天就可以做決定，你出多少錢，說說看。」

我知道我決不能出價，即使我再把價錢殺一半，他還是會賣的，那我就非買不可了。

店主搬地毯累得滿頭大汗，這時他已自動降價一半了。他又不辭勞苦地要展開另外一張地毯。

「這裡熱了，我到外面透透氣。」我奪門而出，急忙下樓。

店主追下來把我按在牆角椅子上，笑說這是蘇丹

的座椅。店主竟然把偌大的地毯又搬下樓,攤開在門前巷道中給我看。

　　最後我幾乎用跑的才得以強行脫身。

　　買與不買地毯要有相當的毅力,在旅遊書上就這麼建議讀者:若不是非買地毯不可,還是別進地毯店,否則得浪費一番唇舌及時間。

　　在大市集旁有個專賣老地毯的小地方,從葉尼大道穿過一個古老狹窄的拱門及巷子,柳岸花明又一村,是個地毯桃花源,約有六、七家小店,店外為庭院,種有葡萄藤及玫瑰花,牆上及地面堆了好多老地毯,也有師傅正蹲在地上修補地毯,這個建築群古色古香甚有中東

風味，推估至少已有五百年歷史，真是美極了。這令人無可抗拒的氣氛，我決定在這裡買張地毯，最後選了一張海雷克（Hereke）的小絲毯及一張安那托利亞（Anatolia）的羊毛地毯，價錢算是便宜，之前我買過不少地毯，熟知市場行情的。

■ 香料市場
開放時間／週一至週日9：00-19：00
交通／電車站Eminonu，或從大市集步行15分鐘。

■ 舊書市
開放時間／週一至週日9：00-19：00
交通／電車站Beyazit，或從聖蘇菲亞大教堂／藍色清真寺步行15分鐘。

店主阿里：「海雷克地毯是土耳其最頂級的，從前專供皇室使用，你看這光澤，會隨光線角度而變化。」他把小毯轉來轉去，呈現深淺不同的色澤。

他又拿一支勾針插進小毯而不損毯面：「這塊絲毯是打雙結，不怕脫落，每平方公分達一百個結，像波斯地毯就只有單結。好地毯是會增值的，有朝一日拿出來賣，價錢可能翻好幾倍。」

我順便問阿里：「這裡日本客人很多嗎？」因為我總是被誤認日本人。

阿里：「現在日本旅客只會拍照，到處拍，不買東西。」

其實伊斯坦堡的台灣遊客不少，重要景點常會巧遇台灣同胞，也許是都被誤認為日本人或中國大陸人了。

1 地毯店，來自中東的手工地毯，被認為是提高西方人生活品質的一大貢獻。2 老地毯專賣商場，地毯也是件藝術品，彰顯了主人的文化品味與生活方式。3 老地毯專賣商場，在中庭修補地毯之場景。

世界著名跳蚤市場
Exploring the World Famous Flea & Antique Markets
與古董市集
［日本］

京都

東京

江戶風情的東京古董市集 ❖

> 江戶時代織品昂貴，庶民們穿的很多是二手貨或三手
> 貨的舊衣，一件衣服縫縫補補可穿上三代，舊貨市場
> 之規模相當大。80年代日本經濟實力強勁，日本人在
> 歐洲大肆收購古董，把價格都炒高了，令歐洲古董業
> 者跳腳。

1 大江戶骨董市，在東京國際會議中心廣場。**2** 江戶時代東京舊衣市場，曾多達四千五百家有執照攤店。

其來有自的東京古董市集

　　東京是日本第一大都會，在幕府時代稱之為江戶，當時的天皇在京都，但掌權的德川幕府在江戶，直到大政奉還，明治維新時京城才由京都遷至江戶，把江戶變成東京，在這種國際化的背景與江戶傳統風格上，其古董市場與項目也有其獨特之處。

　　東京的古董店不算多，但市集性的古董展卻相當多，不同地點的古董市集至少有二十種以上，有很高檔的國際古董展，也有最普通的露天古董市集。最高級的是東京骨董大展（ジャンボリー）一年才舉辦二場，入場券高達日幣3000圓；中型的古董展，按四季舉辦，其中較知名的是平和島古民具骨董祭；而大部分的古董市集是在寺廟露天庭院，每月定期舉辦。

1 大江戶骨董市，穿和服逛古董之遊客。**2** 平和島骨董祭的大門入口為一棟物流中心大樓 **3** 平和島骨董祭之攤位，日式風格之佈置。**4** 平和島骨董祭之書畫卷軸 **5** 平和島骨董祭之日本面具 **6** 平和島骨董祭之漢博山爐，薰香用具。

這樣的古董市集是自古以來的傳統，如八幡宮神社、乃木神社及大江戶骨董市等古董展。仔細算下來，每個星期天竟有五、六場同時在市內各地開展。

現在東京到處都有跳蚤市場的現象其來有自，源自於江戶時代，話說1603年德川家康在江戶開設幕府後，為使窮鄉僻壤的江戶逐漸發展成都市，盡可能地招納外地移民，當時的庶民人口結構主要是商人和職人，貴族階級則都集中在京都。江戶商人都是外地來討生活的，做些小生意，多的是挑擔或擺攤，那時代織品昂貴，庶民們穿的很多是二手貨或三手貨的舊衣，一件衣服縫縫補補可穿上三代。據統計明治初期，日本擁有舊衣舊物舖買賣執照的，就有四千五百家以上，可見得舊貨市場規模之大，至今日本古董市場裡，舊和服與古布料的買賣仍是一大項目。

東京的古董店並不是很集中，散佈在廣大面積的東京都。從地圖上看到青山表參道附近有條名為骨董道（Kotto Dori St）的大街，從前是古董店聚集之處。我為了尋找古董店，天色漸晚下在青山骨董道走了一個多小時，才看到三、四家零星散落的古董店。如今骨董道已經成為一條高檔時裝街及高級住宅區，氣氛寧靜而高雅，看來古董店紛紛都被進駐的服飾設計店和進口名牌店取代了。此外，國際大城市皆有古董商場，這種古董商場內常聚集百十家的小古董店，然而在東京卻少有古董商場，最大的一家是「銀座骨董商業街」，內有二百家小店。另一家「本鄉美術骨董館商場」，在地理優越的東京大學前面，但商場內也才十五家古董店而已。不像在京都，這個充滿貴族雅緻風格的城市，露天古董市集很少，但有幾條古董街，聚集著多家的古董店。

日本把古董稱之骨董，其實是較為古典的用詞，中國明代以前尚以骨董之名，例如董其昌著有《骨董十三說》，直到清代才有古董與古玩之詞。

平和島全國古民具骨董祭

創立於1978年的平和島全國古民具骨董祭，號稱是日本西部最大規模的定期古董展，每年僅舉辦五次，所以我是按日程特地光臨的。事實上平和島已遠離東京市區，搭JR火車需數十分鐘才能抵達。古董展當天雖然免費入場，但內行人開幕前一天下午就進場搶貨了，只是開幕前的入場要收費，票價達日幣2000圓。對於古董店業內人士，花這筆入場費捷足先登應是值得的。

古董展在平和島流通中心大樓二樓，面積廣達1300坪的會場，每次都有來自全日本各地的二百五十家店舖參加。到底東京是國際大都會，會場擁進不少西洋人士，連廣播也有日英雙語。據說場內出售的古董達數十萬件之多，不時可見來自中國的文物，包括各個時代的字畫、青銅器及瓷器。場內有三家

1 平和島骨董祭資深店主 2 平和島骨董祭之木雕貓，古舊樸拙。 3 平和島骨董祭之兵器攤，光亮的鎧冑及武士刀具。 4 平和島骨董祭之中國高古陶，西元前2500年之白陶酒器。 5 平和島骨董祭之古布提包，甚為典雅優美。 6 平和島骨董祭之場景，攤商連綿不絕。

中國古董專賣店，其中有一只漢朝青銅博山爐讓我眼睛一亮，青銅博山爐造型優雅，綠鏽斑斑，年代又久遠，我心儀已久。之前在台灣與香港遍尋不著，今日終於一見，博山爐為薰香用具，日本至今仍盛行香道雅趣，在日本尋找博山爐是較有機會的。

日本民藝之父柳宗悅早就感嘆東京的現代化，生產之物失去了民藝品的手工性與樸實之美，在平和島骨董祭中就可看出，東京的展不如京都的展，東京的展場布置較為簡略，物品也不夠精彩豐富。也許在日本已看過好幾場的古董展，普通貨色不易引起我的注目，於是一攤一攤地巡過，難得停下來細看。終於發現一樣東西吸引住我，它在一個攤位的最裡邊架上，是一隻真貓大小的木雕貓，我立刻趨前，幾乎屏息以對，它的雕工簡樸有力，很有日本著名板畫家棟方志功的趣味性，暗色的原木具雍容雅重之感，如黑石般湛深深、鬱沉沉，這樣的木雕就是我眾裡尋他千百度的目標。我心想這應該是大師之作，可能價錢不低，還是多考慮一下再說，俟逛完全場後再來詢價不遲。趁機也可冷靜一下熱情的頭腦，假如因而錯過機會，那也是緣份不夠。

買古董是講究緣份的，一個鐘頭後我又繞到這個攤位，這下子我臉都綠了，竟然看到這隻木雕貓已被放在前面櫃台上，一位穿西裝的老先生站在旁邊，拿著手機比來比去，看似他把木雕貓搬下來拍照，立即傳訊給他人鑑定，並在電話中商討是否購買，久不見他把此物放回去，看來大勢已去，再等無益，我只能悵然離開。

4

5

6

　　會場旁邊有幾家餐廳,我選了一家天婦羅店坐下,假日來此用餐者,都是來看展的古董客,每人手上都是大包小包的。隔壁桌坐著四位同好婦女,大家都有斬獲,見她們興高采烈地攤開戰利品,相互觀摩,其樂融融。

精采絕倫的大江戶骨董市集

　　大江戶骨董市集於每個月第一和第三個星期日舉行,地點在東京站附近的國際會議廳廣場,大江戶骨董市集始自2003年,為了慶祝江戶時代開府四百周年,而開辦的跳蚤市場。雖然歷史不久,但因在市中心,有JR火車與多條地鐵線經過,是交通最便利的一個古董市集,再加上附近環境又好,立即成為知名度最高的古董市集,每次都能集店二百家以上,算是東京規模最大的跳蚤市場了。

　　國際會議廳是個新式建築,廣場地面潔淨,種有很多大樹,到處都有樹蔭,初秋涼爽的氣氛特別宜人。跳蚤市場式的古董市集像節慶一樣,總是令人雀躍,所以逛古董市集的心情是輕鬆愉快的,日本的古董市集雖然人潮絡繹不絕,熱鬧非常,但卻安靜,大家都輕聲細語地。很多攤位看似業餘,還面帶生澀,也許是家庭主婦假日出來擺攤,塑膠布在地面攤開,

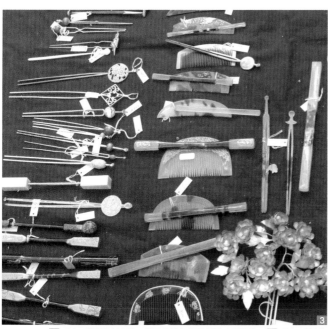

1 大江戶骨董市地攤，親切的攤主與精緻的古董器物。 2 大江戶骨董市之古民具，簞笥木櫃包漿沉穩。 3 大江戶骨董市之
梳子、笄、髮簪專賣攤，做工極為精緻。 4 大江戶骨董市之DM卡片在市集上供人免費拿取

擺上物件，人也跪坐在布上，連小凳子都免了。東京的古董市集裡西洋古董攤甚多，比起京都北野天滿宮的西洋古董攤多太多了，其攤主大多是年輕女生，她們大概常往歐洲跑單幫吧。

我先一路大略看過，有吸睛的東西自然會注意到，俟全部看完再想需要什麼，回過頭來特地尋找。我想我需要一只古樸的小茶盤，逐一搜尋後發覺茶道具雖然不少，但少有漂亮的茶盤，不是太薄就是形狀不美，幾乎逛到盡頭，終於看到一只理想的小茶盤，是香杉一體手工挖製。香杉茶盤的妙趣在於木質紋路之美，木香味隱約可聞，又具有悠長歲月的沉澱餘韻，此小托盤正好可擺置一壺一杯，適合個人使用。

在會場看到三位台灣古董業者，其實在這類大型的古董市集，很容易碰到台灣古董業者，一方面是因為現在台灣經營日本古董的人日漸增多，另一方面是台灣人講話聲音較大，遠遠就聽到他們以鄉音交談。

浮世繪版畫、民藝品及西洋古董

東京古董較特別又常見的貨色，是浮世繪版畫、民藝品及西洋古董。

浮世繪是興起於江戶時代的一種民間版畫，可謂江戶風格的代表，而東京正是江戶時代的中心，所以浮世繪所畫內容成為東京的風格代表。浮世繪以江戶時代幕府所在地的江戶為製作中心，以完全的庶民題材，表達出江戶文化背景，內容多為民眾生活習慣與日常景象，除了作為故事插圖，也當作歌舞伎海報或活動宣傳之用，有獨特的色彩與創意。

浮世繪在江戶時代是便宜之物，常擺於地攤或挑擔販售。浮世繪之美與藝術價值，在19世紀為西方人所驚豔，甚至影響了後來印象派與新藝術的發展。現今浮世繪仍擺在跳蚤市場或古書店裡販售，市場上的浮世繪基本上有原版畫、復刻版畫及印刷品三種，價格差距甚大，若是名家的浮世繪肉筆畫（原手稿）可是價值不菲。

1 日本古董市集購買的木製茶托，包漿古樸。 2 日本古董市集購買的描金繪與木座，手藝精美。 3 日本古董市集購買的莨盆，原敬煙用，現可當火盆。 4 大江戶骨董市之人形玩偶，女兒節之擺設。 5 大江戶骨董市擺在地上之民藝品 6 大江戶骨董市之浮世繪，東京之傳統民俗版畫。

在民藝品方面，日本自古就是個手工藝優秀的國家，工匠們追求工作的極致完美，有如藝術家的專注，將人文精神注入作品中，即所謂職人精神，所以他們的工匠是介乎藝術家與匠人之間的，才能創造出日本器物的風格。日本美學家柳宗悅即說：「美因為實用才變得更為實在，與用結合在一起的美，才會有巨大的價值。」一般來說，日本藝品較為單純，但單純並不意味著單調。他們以素為尊，茶道具是沒有多餘贅飾的，即使有紋樣，也是簡樸的，追求清幽、寂靜的境界，具有禪味與玄學的思想。

日本古董很多是生活化的器具，具有實用的特質，很受台灣嗜古人士喜愛，例如日式燒炭火盆，台灣現在流行以火盆燒炭煮茶並順便取暖，炭火能散發遠紅外線，有促進血液循環的療效。還有鑄鐵茶壺，據說能釋出二價鐵離子，水質甘甜有益健康，鐵茶壺放在炭火爐上，看著緩緩升起的蒸汽，使人的心情寧靜祥和，因此令品茶人士趨之若鶩，短期內，台灣已開設了不少鐵壺專賣店。

又如日本古染織布，可以做成古樸雅緻的拼布手提包，很受女性喜愛。其他如日本古董檯座、茶道具、小匣子等，都是很實用的工藝品，也是台灣古董業者搜購的目標。

一年跑日本五、六趟的小郭說：「中國古董早就沒貨源了，幸好有日本古董，讓我們古董業者可以苟延殘喘一陣子。」

在台北開設日本古董店的宗盛屋店主說：「日本古董大多為生活化之物，價錢不高，即使買錯了仍很實用，虧也虧不到哪裡去。」

在東京的古董市集上，西洋古董甚多，到處都看得到西洋首飾、古董娃娃、老蕾絲及西洋陶瓷等，西洋古董攤位幾乎佔了總攤數的四成，這反映了日本人對於歐洲古典文化的嚮往與日本的富裕。日本在明治時期大量吸收西洋文化，快速的國際化，出現了很多喜愛西洋文化的人。80年代日本經濟實力強勁，日本人在歐洲大肆收購古董，這些老貨品，在歐洲原本不昂貴，在日本人眼裡更是便宜，日本人出手大方，成批購買，把價格都炒高了，常令歐洲古董業者跳腳。多年前我在歐洲到處逛古董店，那時英國古董店櫛比鱗次，現在卻少了很多，即使現存的歐洲古董店，其貨色也不如前，歐洲古董文物早在不知不覺中已流向日本。以前歐洲古董店比比皆是的舊鋼筆、老蕾絲或提花包，現在在歐洲已難得一見，反而在東京的古董市集裡卻處處可見，原來那些貨都被搬到這裡來，看來要找歐洲的小件古董，只要到東京就可以了。

平和島全國古民具骨董祭
時間 / 一年五次，可上網查詢。
地點 / 平和島東京流通中心大樓
交通 / 往羽田機場的火車在東京流通中心站
網站 / www.kottouichi.jp/heiwajima.htm

大江戶骨董市
時間 / 每月第一、第三個星期日
地點 / 東京站附近的國際會議廳廣場
交通 / 地鐵有樂町線有樂町站、JR火車有樂町站。
網站 / antique-market.jp/jp/index.html

銀座骨董商業街
時間 / 11：00-19：00，週三休息。
地點 / 中央區銀座1-13-1
交通 / 地鐵有樂町線銀座站、地鐵銀座線京橋站、地鐵淺草線寶町站、JR火車有樂町站。
網站 / antiques-jp.com/c.html

1 平和島骨董祭之書畫與浮世繪攤 **2** 日本古董市集購買的錫壺 **3** 大江戶骨董市之舊鋼筆，主要來自日本與歐美。

神田神保町古書街 ◈
─如同文人的圖書館

> 日本人好古樂讀，又把古書當蒐藏品，對古書狀況的
> 要求相當講究，不但不得磨損，還要保持原書盒，附
> 原書蠟紙，文豪之肉筆（手稿）更是價值不菲。台灣
> 舊書店的珍本古籍日本人常不吝重價收購，原來台灣
> 珍本都跑到這裡變了稀靚本。

縈迴於心的台灣舊書攤記憶

小時候，家住窮鄉僻壤的陋屋，但家中卻有豐富的藏書，而且許多是日文精裝書。在那台灣印刷品仍然粗糙的年代，日本就有印刷精美的圖鑑、百科全書甚至立體書等，我們小孩雖不懂日文，但光是欣賞圖片就已令人神往。那些書是日本人二戰敗後，準備從台灣撤回國時在街頭擺賣的家當，父親那時候即收購了不少。

我唸國中時代就愛逛舊書攤，當時高雄市唯一的舊書攤在六合夜市，是一間在街屋外的小亭，天黑前的黃昏時刻才擺出來營業。那時候並不是想要去找什麼特定的書，只是喜歡那種古老書香的氣氛，以及另一種尋寶的樂趣，尤其在從前出版業不發達的年代，書店裡久久才看得到一本新書，不像現在，台灣每天就有好多本新書出版。

我十八歲首次上台北，第一站即直奔牯嶺街舊書攤，親臨傳說中愛書人的聖地。當時台北的舊書市場在牯嶺街，沿著牯嶺街兩旁人行道上，舊書攤亭倚牆而立，人行道上有成排的榕樹，舊書攤內有線裝書、日文舊書、字畫，兼賣

1 神保町案內所，即旅遊資訊中心。 2 神保町的古書即賣會場，讀者聚精會神地找書。

幾樣老古董。牯嶺街的舊書攤、紅磚牆與老榕樹，形成一個極富文化特色的地方。對家鄉僅有一小小舊書亭的書迷來說，牯嶺街不啻是個逛街天堂。但日後市政府竟認為舊書攤影響市容，而予以拆除，後來雖遷至光華商場，但台北舊書市場已江河日下，迄今無法集店成市。

世界最大的神保町古本書區

日本人是愛看書的民族，光東京就有六、七百家舊書店，巴黎也有三百多家舊書店。東京最大的古書區在神田神保町，其古書業至今仍欣欣向榮，千代田區神保町的舊書肆在百餘年前的明治中期就形成了，在靖國通、白山通、明大通、千代田通等大路及周邊巷弄裡散佈著一百六十家古書店，及三十餘家新書店。因為神保町舊書街聲名遠播，讀者遊客眾多，靖國通路上還特設有「案內所」，亦即古書街的遊客資訊中心。

世界各城市的古書店大多分布在舊市區的小街小巷，英國理查‧布斯所推動「舊書鎮」的構想，其地點特別指定人口少、自然景觀優美的偏遠鄉村小鎮，聚集多家風格迥異的獨立

小書店或古董、二手書店，吸引愛書人前去拜訪，享受看書買書的愉快氣氛，由此可同時帶動當地觀光產業。也可以說大家對於古書街有一種懷舊氛圍的期望，但東京神保町竟處於繁華的市區，車水馬龍的大道旁，現代鋼筋水泥的大廈之中，雖然以純買書的功能性來說，需要的是交通與生活機能，但有些外地遊客還是對此感到意外與失望。

自從知道有神保町古書街，我便心為之所向，特地規劃了一趟古書之旅。雖然神保町在東京市中心，有三條地鐵經過，但為了節省時間而選擇搭計程車過去，旅行者的時間寶貴，有時以金錢換取時間是必要的。依經驗，最好先到「案內所」找資料，我在那裡拿到了一份神保町古書店地圖。神保町那麼多書店當然無法一一瀏覽，這份書店地圖是最好的參考，這地圖還列出各書店地址及專賣書籍，可方便書客搜尋，在「案內所」又可看到好多DM及海報。

最大的發現是「古書會館」有個「古書即賣展」，經義工先生指點了古書會館的地點，我立即快步趕去。此地每週五、六都有一場古書即賣展，參展書店為了信譽，送展販售的書籍品質都在水準之上，價錢也公道，古書會館是不可不來的地方。在此找書是比較自在的，隨意翻閱也不怕老闆白眼。書中自有黃金屋，多翻閱後就容易被誘惑，不到一個小時我就抓了六本精裝書，有《咖啡博物館》及《貓談義》等等，湊巧都是虔十書林提供的，該書店以收集藝術方面的書為主。到古書即賣展選購的書客相當多，工作人員也很多，現場摩肩接踵熱鬧異常，日本人嗜古好讀之盛況，真令人歎為觀止。

專業、專賣，展現各種書店特色

出了古書會館，我開始逛神保町的書店，靖國通的第一家書店三省堂是大型新書店，要找日本新書刊就可進去，接下來大多是古書店了，面對一路的書店，若遊客只想走馬看花，感受一下書香，未必要買書，可以像我一樣一路走過，看看門面再探內部。幾乎每家店都在

1 神保町百年的悠久堂古書店，滿室書香。 2 神保町街道上的書堆 3 神保町的古書即賣會場，吸引不少讀者。 4 神保町街道，靖國通車水馬龍。 5 神保町古書會館的古書即賣會入口

　　門口擺上一落落的書，像大賣場的水果一樣堆積如山，似乎告訴書客，這裡的書又多又便宜。

　　堆在門口的除了便宜的「百圓均一」價的口袋書外，還有「三島由紀夫全集」、「川端康成全集」，甚至中國的「魯迅全集」。據說古書店老闆每天要花一小時來堆疊這些書，像陶侃搬磚一樣，怪不得體力是眾店主一致要求的開店條件。神保町古書店內部都是排列整齊又乾淨的，很多古書都會加上半透明蠟紙保護，再夾上短籤，所謂短籤就是以毛筆寫上書名、作者與價錢的紙條，這紙條夾在書側，讓書客一目了然，因為疊放的線裝書在外側是看不到書名的。很多古書店的書牆夾滿了張張覆蓋的短籤，場面甚是壯觀。

　　門面寬廣又二層樓的北澤書店，有百年歷史了，現在的店主北澤一郎是書店的第三代。一樓賣日文書，沿著精緻典雅的扶手螺旋階梯上樓，二樓是英文稀覯書（珍本書），牆上掛著端莊的毛筆書法「北澤書店」，據《神保町書蟲》書上敘述，此為台灣書法家狄平所揮毫，以前北澤書店台灣分店的遺物。我對此深感興趣，正好店主就坐在書桌旁，於是我趨前詢問：「我來自台灣，據說這幅書法是台灣書法家所寫的？」

　　「不是，他是中國大陸人，只是後來去了台灣，他可能是個有名的書法家吧。」

　　我回台灣後，查出狄平應為「狄平子」，江蘇溧陽人，1876年生，康梁百日維新時流亡日本，後返回上海。但查不出狄平子有無進出台灣，該書法也許是狄平子流亡日本時，為北澤書店所揮毫。

1 神保町矢口書店，為一家演劇・戲曲、映畫專賣店。 2 神保町玉英堂古書店的告示招牌 3 神保町古書店，貼滿短籤的書堆。 4 神保町北澤書店的迴旋階梯，左側為1797年的大英百科全書。 5 神保町北澤書店，店主為第三代的北澤一郎先生。 6 神保町105圓均一價的文庫書 7 神保町北澤書店的店招，為中國流亡日本的狄平子書法。

　　一誠堂也是明治時期的百年書店，甚為氣派，有座裝飾藝術風格的階梯，專賣文史哲書類，二樓大多是中日畫冊及浮世繪版畫。

　　另一家大書店玉英堂賣的都是珍貴古書，二樓為文豪之肉筆，所謂肉筆就是手稿的意思，夏目漱石的肉筆書信價高400萬日幣，在世的司馬遼太郎的肉筆也有4萬5000日幣之多。因為店內藏品價值不菲，各處牆角皆安裝針孔攝錄機，又有二個資深職員在場駐守，以他們的專業，一看顧客來者，就知道會不會買書。現場雖然播放著優雅的莫札特小提琴協奏曲，但嚴肅的氣氛仍令人緊張，因怕驚動警備中的職員，我只目視而不敢觸摸。

　　矢口書店是專收演劇戲曲類書，隔壁的古賀書店則全是音樂書譜，也許在這裡可以找到曾連載我提琴文章的日本音樂雜誌《ミュージックトレード》（Music Trades），可惜沒時間細找。

　　神保町古書店的經營相當專業，各店都有其專長項目，可以説倘若不能以專業、專賣的形式開店，就不能在神保町立足。例如人牛書房專長於早期少女漫畫、友愛書房專注於基督教書籍、假寐文庫以思想哲學為主、山貓屋專攻史學、宮池書店以農林為長、文華堂專賣戰爭書籍、飯島書店專門書道美術。東京神保町古書店大多有販售浮世繪版畫，也有多家浮世繪美術專賣店，例如原書房、飯島書店、山田書屋及蘭花堂等等，古書即賣會內也有多幅各式的浮世繪。

　　山本書店及內山書店內則有堆積如山的中國線裝書，早就聽説台灣舊書店珍本古書的最大客源是日本人，一套台幣數萬元的珍本，日本人常不吝重價，一擲千金買走，原來台灣珍本都跑到這裡變稀靚本了。

文庫本
¥105均一

北澤書店

但其他書店也另有生存之道，我在門面甚為普通的澤口書店買了八本別冊太陽的圖文書，其實這家書店看不出有何專業之處，店面平凡又沒有壓迫感，所以我在裡面隨意地翻閱，我甚至問店主她店內專門書類所在，她則笑而不答。但這家店就是有符合我喜好的書，這八本銅版本紙重達4、5公斤，重得我無法繼續多逛，只得叫車搬回旅館。

日本人把古書當蒐藏品，對古書狀況的要求很講究，不但不得磨損，還要保持原書盒，附原書蠟紙，因為書況決定賣相，書客與店家對書的品質都相當挑剔。但無論如何，日本古書的書況都極佳，我兩天內買了十五本舊書，各有十至四十年的歷史了，但外觀皆完整如新。

■ 東京神田神保町古書街
開放時間／週日及國定假日公休
交通／地下鐵三田線、新宿線或半藏門線的神保町站。

■ 東京神保町古書街旅遊資訊中心
　（本と街の案內所）
地點／千代田區神保町一丁目，靖國通
開放時間／11：00-17：30全年無休
交通／地下鐵新宿線或半藏門線的神保町站
網站／http://go-jimbou.info/annaijo/

■ 東京古書會館
地點／千代田區神田小川町3-22
開放時間／每週五、六，地下室舉行古書即賣會。
電話／03-52802288
交通／地下鐵新宿線或半藏門線的神保町站

發現好幾家古書店在店內播放古典音樂，其風格竟然全屬古典時期的鋼琴、小提琴的奏鳴曲或協奏曲，優美的西洋古典音樂特別令人流連，而想在此多翻幾本書，只是我等旅行者尚須趕路，不能多留。

這區域是東京文教區，附近有五間大學，多達四十家的餐廳與咖啡館，逛累了隨時可坐下休息，吃茶或喝咖啡。假如發現咖啡館茶屋太多，無從選擇，那就建議到大雲堂後巷最有名的きほうる（沙保）喫茶店，這是家五十年的老店，江戶時期老房子與古書很是搭配。

東京神保町有幾條文學散步道，很多著名的日本大文豪都曾在這裡活動，他們常來此逛街蒐書及賣書，又在此地出版社出版著作，神保町就像是文人的圖書館，花一點錢可以把珍本買回家參考與收藏。旅者可以沿途品味濃郁的書香與咖啡香。說來日本人真是愛看書的民族，大家都知道，從前東京地鐵上，人手一冊文庫書或報紙默默專注地閱讀，現今電子資訊時代，地鐵內大家還是手捧著東西閱讀，只是手拿的大多是手機，他們手機似乎是用來看的，而不是用來講的。在這種愛好閱讀的習慣下，東京發展出世界最大的舊書街也不足為奇了，他們各書店還會做存書目錄，固定寄送給老客戶，那可是耗時費力的作業，也只有細膩的日本人會這樣做。

1 神保町古賀書店，專賣音樂書籍。 2 神保町街道林立的書店招牌 3 神保町山本書店，專賣中國相關圖書，有甚多的線裝書。 4 神保町豪華建築的文房堂，專賣美術器材。 5 神保町街道，古書店之書延伸至街道。

京都的大古董祭 ❖
─古色古香的隱晦禪意

> 進入日本古董店時，態度要表現得很客氣與誠意，日本人是很講究禮貌細節的，如果古董店家覺得客人沒有禮貌，就會不太想跟這個客人交易了。

跨海赴日尋寶的港、中、台業者

由於文化淵源的關係，自古以來，日本就有很多中國文物的收藏家，尤其日本歷史悠久的家族存有大量的中國書畫和古董。原先日本的古董店都有相當數量的中國藝術品，但經過港、中、台業者多年的大肆搜尋，質量好的物件已屬罕見。如今要在日本進行深度挖掘，選購好中國古董更是難上加難。甚至連晚近60年代，日本委託中國代工的茶具及木工藝品，在歲月沉澱之下，至今也都成為古董了。由於其材質有酸枝、櫸木等中國特色的木料，被台灣及中國業者廣為收集，當作中國古董販賣。

台灣人到日本尋找的不只是中國古董，還包括較不具日本味的日本古董，在台灣賣「和式」古董的店也不少，所以去日本尋寶的台灣生意人相當多，甚至有業者派太太長駐日本專

1 京都大古董祭之DM卡片 2 京都大骨董祭優雅的擺設 3 京都大骨董祭盛況

責尋貨，再郵寄台灣，這類店內經常有包裹郵箱陸續送達，常令同業看了羨慕不已。

至於大陸人到日本，主要尋找的是中國古董，因為過去日本侵華的歷史情仇，中國人很排斥日本古董的。而日本古董鐵壺卻是例外，因為鐵壺也適用於中式茶道，若鐵壺上面雕的是漢字與山水，看不出日本味，更受到中國人歡迎，所以有中國業者到日本與台灣收購鐵壺，更有不少台灣業者將鐵壺帶進中國大陸販售。

中國古董業者前往日本尋寶則是相當有組織的，2006年中國古董界組織了一個海外淘寶團，含故宮專家、收藏家，古董商及私人博物館，一行二十人浩浩蕩蕩到日本找中國古董，走訪了東京與大阪多家古董店，據稱此行收穫豐碩。2009年北京「匡時拍賣公司」也組團到東京、大阪與京都等地考察，更與日本「親和拍賣公司」聯盟，由親和在日本徵集中國古董，送北京匡時拍賣。

由上可知，古董藏家與業者想到海外尋寶，日本是海外中國古董遺珍之重地，我們關心的是，日本有多少中國古董，以及日本和風古董有什麼特色？日本是個古董收藏風氣相當高

的國家，各大城市都有定期古董市集及古董店聚集之區域，欲進行古董之旅，當然選擇較有看頭的。

　　東京與京都的古董市集是日本規模最大的，最值得一逛，若善選時間，一趟旅行可以參觀幾個古董市集與古董街。

細膩入微的京都大古董祭

　　京都大古董祭每季只有一次，有悠久的歷史，約三百五十攤商參展，通常在京都府綜合見本市會場舉行，號稱是西日本最大的古董展會之一，也是台灣跑日本線古董業者頗重視的古董展。同樣的古董商展，從前在東京是要收取1000元日幣門票的，現在為了振興經濟，減

1 京都白川畔盛開的櫻花 2 京都古董祭賣人形的攤位 3 北野天滿宮古董市集之鐵茶壺

免了門票。一早參觀民眾就搭著免費巴士抵達，並迅速湧進會場，人群裡有收藏家、業者及嗜古民眾，大多是中年以上人士。

　　參展的古董商來自日本各地，但以京都地區古董店居多，都是結結實實的古董器物，各式文物皆有，每個攤位都值得一一細看。其中有好幾攤的西洋古董，展示的西洋古董洋娃娃、貝殼雕刻別針、西洋古董提包等皆價錢昂貴。在日本古董中還是以日本茶道具、陶瓷及染織數量最多。我一攤一攤驚喜貪婪地觀看並拍攝，被每樣器物深深吸引著，早忘了時聞，直到腳關節麻木、腰酸背痛又眼冒金星了，才知道時間已過中午一點，必須找個地方坐下休息吃飯。會場後方就是臨時餐廳，我終可坐下，喘氣久久不止，這時才知道有多累。

餐後又繼續看展，我總共買了一個酸枝檯座，酸枝敬煙匣、伊萬里瓷貓、銅貓、茶盤及老染織，這些價錢皆不高，遠比在台灣買便宜。唯在展會裡幾無中國古董，只有極少數的幾件，品不精而價昂，在日本的中國古董果真早被台灣與中國業者搜刮一光了。

佔大的展銷會場及眾多的參觀人群，現場卻異常安靜，大家都輕聲細語而非鬧哄哄，我正為其怡人氣氛而訝異之際，突然迎面一陣高聲喧噪而來，囂張地談話，旁若無人有如爭吵，仔細一聽卻是熟悉的國語，原來是三位台灣業者結伴來進貨，每人都採購了好幾大箱的東西，得意忘形地忘了身在何處。

北野天滿宮的古董市集

每月的25日是京都北野天滿宮祭典和廟會的日子，又稱為天神市，寺院外圍是古董市集，沿著寺院外圍露天擺設，延伸到附近的巷弄。這裡東西不那麼高檔，屬於所謂的古民具的民藝品，例如火盆、鐵茶壺、茶道品、香道具、小木櫃、老染織、陶瓷等等，也確實是老東西，仿品與新品不多，價錢都不貴，又可殺價，讓人見獵心喜。我在這裡買了一只鐵茶壺、銀茶壺、老織布及二隻小招財貓，要尋不貴的日本古董就來這裡淘寶。進入寺院鳥居，走道兩旁則是小吃與觀光藝品攤。

北野天滿宮又稱天神宮，也是名勝古蹟，由豐臣秀賴重建於慶長12年（1607），迄今有四百年歷史，供奉日本學問之神菅原道真。菅原道真為平安時代著名學者與詩人，醍醐天皇時曾晉任至右大臣的高位，但為左大臣藤原時平讒言所害，被流放至九州太宰府，但途中即病逝，馱著屍體回京都的牛走到福岡太宰府，卻停下不走，於是就地安葬。這頭牛似通曉菅原道真不願回京都之遺志，因而被稱頌。其後京都陸續出現雷電等多種異相，為安撫冤屈

1 京都大骨董祭之日本面具 **2** 伊萬里瓷貓，睡眠深沉，姿態可愛。 **3** 北野天滿宮古董市集之古布 **4** 京都大骨董祭的古布與舊和服攤，穿和服的優雅店主。**5** 京都大骨董祭的布置與燈光皆高雅大方。 **6** 北野天滿宮骨董市，相貌堂堂之古董攤主穿著傳統服飾。

怨靈，便建立天滿宮祭拜。宮院內有忠牛銅像及數頭石牛，據說撫摸牛頭便可以增進智慧，讓考試順利。天滿宮還種植梅樹甚多，初春2月25日為著名的梅花祭。

黑瓦低簷的古董店

京都的古董店大多集中在古門前通、新門前通及大和大路通三條相鄰的街道，這個區域聚集了數十家古董店，被稱為古董街。而這一區也就是京都最迷人的古城區，街道兩旁都是低矮木造老屋，黑瓦低簷，烏黯不上漆的木牆板與柱子的木紋散發著特有的風味，是平安時代留存至今的風情。老屋與古董在格調上相搭配，使古董器物更彰顯其味道，古城會有古董文物，似乎也是理所當然的，在這裡逛古董店是相當愉悅的。附近的祇園是傳統藝妓區，時而濃妝藝妓穿著厚夾腳托鞋迎面走來，但她們可能是假藝妓，女性遊客可以花費6000日幣，體驗一日「變身」的樂趣，化粧成藝妓到街上蹓躂過過乾癮。

漫步在老街上看到一條深深小巷，狹窄僅容擦身交錯，幽靜的暗巷好像進入人家的私秘後院。遠遠望去，裡面竟有一家古董店「花傳堂」，正好提供我進入探秘的正當理由。巷內似個天井的空間有幾戶人家，我拉開花傳堂的木門，欠身入店，這才發現這小店僅二坪大小，一些陶瓷碗盤擺放在木托架上，顯得古樸有緻，一股薰香氣息繚繞，鄰家傳來一陣悠揚的箏樂，一位年輕店主正在品茗聞香，此刻使人心情立即沉澱下來。

1 京都古董街的古董店，黑瓦低簷。**2** 京都小巷內的花傳堂古董屋 **3** 北野天滿宮古董市集之人潮 **4** 北野天滿宮，1896年基春繪。

　　我堆滿笑容打了聲招呼，微笑輕聲問道：「有無中國古董？」

　　店主：「你是台北來的？」接著又苦笑搖頭：「沒有了。有太多台灣與中國業者來找中國古董，尤其是去年我早上11點開店，客人就絡繹不絕，只要一有中國古董進貨，馬上就賣掉。」

　　「你有沒有鐵茶壺？」我再問道，心想鐵茶壺可是日本器物，應該有吧。

　　「也沒有了，鐵茶壺便宜的從三千元到幾萬元日幣的，一進貨就賣掉，也是被台灣與中國買走。」我聽了非常驚訝，這家小店哪堪那麼多台灣與中國客人一再搜刮，有什麼好貨早就被他們買走了。

　　出了窄巷，我又推開轉角的一家古董店「玉林尚古堂」，春寒料峭的日子，每個店家都是關起門來營業，只要推得開門來就表示營業中。當店主知道我是台灣來的，拿出一只鐵茶壺說：「這只壺是名家的，之前我賣出很多鐵茶壺。」我更嚇了一跳，老闆竟知道台灣人愛鐵茶壺，不多言就主動拿出鐵茶壺給我看，他開價日幣4萬元，我拿起來看看，似乎不夠出色，看起來日本鐵茶壺已被台灣人炒高了。

　　我問，最近有無台灣與中國客人來？店主想了一想說：「金融海嘯過後，客人比較少了，台灣與中國客人一個月大約有十組人來。」就古董店而言，一個月十組國外客人已算多了，可能比日本本地客人還多呢。

　　連逛了好幾家古董店，又發現一家在窄巷子裡的「知遊」，這是一家雅緻的小古董店，店主是位精明優雅的中年女士，我看中了一只可壁掛的鐵花瓶，其上雕有一隻青蛙，一體烏黑甚有禪味，雖有落款，但不知其人身份，因價錢尚可，既喜歡就欣然買下了。

　　古董店尚未逛完，眼前即出現一條清澈的溪流，溪畔開滿枝垂櫻，視野也倏忽地隨之一亮，這裡是京都櫻花景緻最美的白川，隨著櫻花再往前走，就碰到寬闊的鴨川了，因為是暖冬，櫻花提前綻放。

崇尚禪味與陰翳美感的日本古董器物

日本的古董器物與中國的雖有些傳承與相似，但差異也甚大，其舉舉大者如下：

陶瓷器：日本的古董器物仍以陶瓷器為大宗，除青花及彩繪外，尚有簡約樸拙而未上釉的土器。但日本陶瓷與中國陶瓷走向不同，中國陶瓷朝精緻路線發展，日本陶瓷則崇尚禪味之趣，在茶道和花道的審美及思想的影響下，日本陶瓷追求的是素雅與樸拙，形成了獨具特色的日本陶瓷藝術。

古布：古布是日本一項特殊的古董，布料竟也能成為古董，台灣人直覺匪夷所思，因為在台灣與中國，收藏家所認同的織品僅綢緞龍袍及精美刺繡，認為民家布料衣服不登大雅。而日本古布主要是藍染或印花之庶民棉布，這種古布是從舊和服取下的，不論大小塊都索價甚高，江戶時代布製品十分昂貴，和服至少穿三代，多塊布料拼縫常見巧思，現今修修補補的一塊明治、大正時代百納布，亦是價值不菲。古布欣賞的重點在於其織法、花紋與顏色等布料的質感，古布又有沉穩配色之美，因時間所造成的褪色與柔和，具有新布所沒有的韻味。古布還有一個很美的名稱「古裂」，在日本有古布專門店，在門口掛了一個大大的「裂」字，在古董市集，通常有多家的古布及古和服攤位。古布可再製成各種裝飾品，如杯墊、桌布及手提包等，台灣人喜愛的拼布手提包，其精品者即為日本古布所縫製。此外舊和

1 古董街上專售古布的珍裂屋，擁有甚多老西陣織。**2** 京都玉林尚古堂，專售佛教美術與古代工藝。**3** 京都小巷內的知遊古董屋，老屋與古董相互輝映。**4** 古都南明堂古美術屋的中國黃楊木雕。**5** 知遊古董屋買的鐵花器，器上附有青蛙浮雕。**6** 京都芳桐浮世繪專賣店

服也有不小的市場，若是售價便宜，常見人群圍著搶購。

　　武士刀具：日本古董中有一樣獨特深受世界藏家喜愛的精品，那就是武士刀，世人公認武士刀、汝窯及小提琴這三樣器物的工藝水準已達登峰造極之境，為後世無可超越的水準，可見名貴武士刀之價值。武士刀蘊含武士與職人精神，名家之刀不但工藝精美，其堅可削鐵如泥，利可毛過而毛自斷，日人奉為至寶。刀劍類古董還包括盔甲、鐔及刀柄等鐵器，其精美者尚有鑲嵌金銀花繪或鏤刻浮雕圖案。在日本有不少古董武士刀專賣店，我在靜岡拜訪的三家古董店，其中二家即是以古董武士刀起家的。

　　漆器：漆器在日本是很普遍的器物，為一種生活化的古董文物，有描金與彩繪等各種藝術的表現方式。日本漆器的完美和精緻，使其成為日本工藝的代表，漆器的英文別名就叫Japan，正如瓷器的英文別名叫China，漆器的觸感輕柔溫馨，直可安定人心。中國也有漆器，通常刻製成剔紅、一色漆器、百寶嵌等，中國漆器傳世品少，其珍貴程度導致無法普及實用。

　　日本古董器物重視精神性，許多器物在製造時會賦予精神與思想，例如古董土器可穩定情緒，具有溫暖的感覺，擺上土器可以製造安詳的氣氛，武士刀具蘊含武士與職人精神。日本古董器物大多樸素，彩度與亮度皆低，微微濁光，湛深深、鬱沉沉，製造曖曖內含光的表面，絕無刺眼的大紅大綠。日本人偏好沉鬱陰翳的東西，泛有古色古香的光澤、帶著隱晦的光芒，一種神秘充滿禪味的感受。例如他們木造房屋即不上漆，碗盤的漆器有很多是黑色的，若是紅色漆器，則添加黑色染料，降低它的彩度。婦女和服花色雖華麗，但大多氣質高

雅。又例如日本茶室所有的一切都瀰漫著陳舊而柔和的氣氛，茶道具都是褪了色，但卻是潔淨無垢的，一切嶄新之物都被排除，除了全新的茶筅及潔白的麻布巾例外。怪不得日本大作家谷崎潤一郎即說，日本人傳統鍾愛陰翳美學。日本人從陰翳中發現了美，更為了美感進而利用陰翳的效果。

日本人對待古董器物甚為珍重，每件器物皆以木製收藏箱珍藏，箱上會提字明註，箱內又放置說明文字之紙張，所以日本古董都保存得相當完善。

進入日本古董店時，態度要表現得很客氣與誠意，日本人是很講究禮貌細節的，如果古董店家覺得客人沒有禮貌，就會不太想跟這個客人交易了。又如果雙方沒有交情，沒有建立信任感，古董商是不會隨便把好古董拿出來給客人看的。古董買賣本須謹慎，雙方中任何一方只要有一點不信任，就不易成功。

京都大古董祭
地點／伏見區京都府綜合見本市會場
時間／每季一次、每次三天，10:00-17:00
交通／近鐵京都線及地下鉄烏丸線，在竹田站下車。
　　　在竹田車站口有免費接駁巴士至會場，5分鐘車程。
展出店家／350店
入場費／無
網站／www.kottouichi.jp/kyoto.htm

京都北野天滿宮古董市集
地點／京都市上京區馬喰町
時間／每月25日，6:00-17:00
交通／公車50,101北野天滿宮站
展出店家／300店
入場費／無
網站／www.kottouichi.jp/tenjin-ichi.htm

京都古董街
古門前通、新門前通及大和大路通三條相鄰的老街道，聚集四、五十家古董店。

1 京都大骨董祭之攤，顯現日本所崇尚的簡約陰暗美學。**2** 京都古董街上的古布店，內部相當高貴華麗。

曼谷

世界著名跳蚤市場
Exploring the World Famous Flea & Antique Markets
與古董市集
[泰國]

曼谷的古董市場
—東南亞古董的集散地

> 曼谷的古董市場相當迷人,其特別之處在於濃厚的東南亞色彩與多樣性。曼谷的古董店,高檔的集中在「河城商廈」與「O.P.Place」,低檔的民藝品在恰都甲週末市場。

東南亞古董中心的曼谷

近年來,台灣的古董業者已難在中國尋得好貨,反而中國業者常到台灣尋寶,台灣的古董業者為求貨源,遂轉赴海外各處尋寶。其實更早幾年,積極的台灣業者就已將觸角延伸海外了,他們以台商冒險犯難的精神旅行國外,泰國的曼谷是古董之旅的必訪之地,希望能挖掘到流落海外的中國古董珍奇,或自宋元明清以來大量外銷的貿易瓷,但台灣的古董業者只是像散兵遊勇似地零星出擊。而這幾年中國的古董業者也一樣赴海外尋貨,他們更積極、有組織地合資或組團出國,重力下手購買,手筆之大震驚曼谷古董界。

「河城商廈」的古董店陳列著許多佛像、唐俑、陶馬等古物。

1 店主為法國人的 Ashwood 古董店，專賣中國古董家具與亞洲各地古董。 2 河岸商廈的東南亞佛像古董店 3 河岸商廈的東南亞文物古董店 4 河岸商廈古董店的泰國佛像 5 河岸商廈的 Lampion 古董店，展示的泰國佛像。

　　曼谷的古董市場是相當迷人的，其特別之處並不在於泰國古董之精采，而在於其濃厚的東南亞色彩與多樣性。泰國是東南亞古董的集散地，而曼谷是泰國的古董中心。曼谷位於中南半島的中央，工商業繁榮，往來商旅頻繁，東南亞周邊國家的古董總是集中到曼谷上市交易。而周邊國家如緬甸、寮國、柬埔寨、越南、尼泊爾等地，都較為落後，古董市場不多，古董自然送到市場大的曼谷來銷售。雖然新加坡的經濟相當繁榮，但地處邊陲，在古董市場上顯然不利。

　　目前世界各國都在保護自家古董不外流，即使共產或落後國家也不例外，但對於他國古董則不設限，東南亞國家管制最嚴的是佛像，在泰國購買的泰國古董禁止出境，但購買其他東南亞國家的古董則可順利出境，所以周邊國家古董業者透過特殊管道，經由陸路將古董送到曼谷來出售，於是造就曼谷為東南亞古董集散地，但泰國境內，也幾乎僅在曼谷存有古董市場。

　　以前曼谷古董店的櫥窗，常展示著巨大精美的柬埔寨或緬甸佛像，因涉嫌走私，受鄰國檢舉，發生過幾次警察搜索事件，如今已收斂，少見這種國寶級的大佛像。

「河城商廈」（River City）裡的豪華古董店

其實到曼谷找古董很方便，只要直接到「河城商廈」來就是了，1984年「河城商廈」建設的時候，即設計為文化與藝術的複式商場，雖至今已有二十年之久，但仍新穎高尚。在一、二樓的店面是各式工藝品、珠寶、泰國傳統服飾，以及少數古董店；三、四樓的範圍則全部是古董店，有上百家之多，每家都有寬敞明亮的中型店面。他們主要販售的古董有佛像、瓷器、牙雕、木雕、銅雕、銀器及織繡等。這些古董店近半是中國古董，畢竟華裔人口在泰國相當多，又屬富有階層，仍不忘情於中國文物。這裡也有少數的西洋古董店，其中有一家西洋古銅版畫店，特別蒐集以亞洲景物為題材的銅版畫與古地圖，甚至還有西藏文物店及日本古美術店。

每月的第一個週六，都有一場古董拍賣會在四樓舉行，這已有二十年歷史了，拍賣前五天還有預展。

此地古董店的老闆相當國際化，好幾位老闆是歐美人士，他們大多已在泰國居住多年，僱用會英語的泰籍店員，例如 Ashwood 古董店，店主是法國人，他在曼谷開了兩家店，香港摩囉街還有一家店，他的店包含了中國古董家具與亞洲各地古董，我曾在他香港的店裡買

1 河岸商廈中的東南亞石雕佛像 2 曼谷的河城商廈，其三、四樓有上百家古董店，每家均寬敞明亮。 3 河岸商廈 Lampion 古董店的店長 Punvasa 小姐 4 河岸商廈古董店中的唐女俑

過一組古董桌椅；Lampion古董店展售的是東南亞的古董，開店已達二十多年，店主是德國人，他之前在清邁大學教化學，僱用的女職員也長達二十年，足堪綜理業務，平常都是這位女職員待在店裡。她經常旅行到鄰近國家收購古董，有時販子也會攜貨來求售，她尋貨的原則是在合法下自行攜帶，量不在多而在品質高者。其古董不限泰國或哪一國的文物，但主要以織品為大宗，我曾向她買過一張西藏老地毯。

另一家我熟識的店「ACALA」是專賣西藏文物的，主要經營西藏地毯、家具、唐卡及佛像等，英國籍的店主是位專業的古董經紀人，有四十年的古董買賣經歷，曾在英格蘭、荷蘭及尼泊爾等地開過古董店，後來娶泰女為妻定居曼谷，在「河城商廈」開店已達十二年，平

常由優雅美麗的妻子卡妮塔（Kanitha）駐店管理。店主過去經常旅行西藏尋貨，建立了進貨管道後，現在大多由西藏販子送貨來。

但是英語流利的卡妮塔嘆說：「近年來古董價錢高漲，好貨又愈來愈少，以前的販子反而來要求買回。」

我好奇地問她，西藏文物買家是東方人還是西方人？

「我的客人大多是歐美人士。」

「有沒有台灣客人？」

「很少，台灣或中國客人大多來買唐卡及佛像，沒人買西藏地毯與家具。」

恰龍軍路（Charoen Krung Road）上的古董店

西洋人好古獵奇，落後國家的文物常由西方先進國家來發掘，先肯定其價值。台灣在四、五十年前，民藝品舊物被棄如敝屣，來台的歐美人士或駐台美軍卻視如珍寶大量收購，等台灣有識之士有所認知，珍品民藝已所剩無幾。又如中國有名的浙江東陽木雕，19世紀末

始由英國人梅方伯做起木雕古董生意，到處收購老舊木雕出口銷售，俟老件被蒐殆盡，又設廠生產仿古木雕，中國工藝常是如此經由洋人發揚光大。

從前我在泰國工作生活兩年餘，假日最大的樂趣就是逛古董店，曾到這棟「河城商廈」多次，我喜歡在二樓的咖啡廳欣賞湄南河風情，咖啡廳臨河，有大片透明玻璃，可看見伸入河內的棕櫚樹林，水上高腳屋及新式大廈。繁忙的河面有汽艇、長尾船、大貨船等，充滿熱帶浪漫氣息，我在有冷氣涼爽的咖啡廳先喝一個新鮮椰子，裡面白嫩的椰肉以湯匙挖起來吃，然後再叫一杯本地產的阿拉比卡咖啡，悠閒望著河景，這裡人少聽不見喧譁，看不到擁擠。似乎夜晚搭船遊河賞景的人更多，河上有好幾艘遊船，附帶船宴及音樂演奏，有古式木船，又有新式附迪斯可舞廳的大遊輪，夜夜笙歌，令人有不知

1 河岸商廈Lampion古董店買的西藏地毯 2 ACALA古董店內的西藏櫃、唐卡與印度石雕。 3 擦擦是泥塑小佛像,隨身攜帶可護身,甚受泰人喜受。 4 河岸商廈ACALA古董店的犍陀羅佛像,具歐洲人面貌特徵之佛陀。

1 週末跳蚤市場恰都甲之中國古董店，高掛的中國祖先畫像。**2** 東方大飯店旁的「O.P.Place」是棟高雅建築，裡面專售高級手工藝品及古董。**3** 中國城附近之擦擦與小古董地攤

今夕何夕之感。夜船緩緩行駛，沿岸古典的東方飯店、燈火通明的大皇宮，以及巍峨高聳的鄭王廟，皆逐一在眼前而過。

在「河城商廈」附近，沒落的恰龍軍路上也有幾家古董店，這條路與曼谷的湄南河平行，有名的東方大飯店、香格里拉大飯店、喜來登大飯店都在附近，一度工藝品、舶來品商店雲集，觀光客往來頻繁，也曾是古董店聚集之地。東方大飯店旁的象牙白的「O.P.Place」是棟高雅的建築，建於1922年，專售高級手工藝品，裡面也有幾家不錯的古董店。

恰龍軍路再延伸下去就是中國城了，在中國城的老舊街區那孔卡散（Nakorn Kasem）俗稱「賊仔市」，是從前的古董市場。現在中國城的古董店主力都搬到「河城商廈」了，只留下幾家店面老舊的古董店，而人行道上仍散落了幾十攤舊貨地攤，擺著一些小古董與二手雜貨。這些小古董最多的是「擦擦」，所謂擦擦是一種泥塑或陶塑的小佛像，從前由僧侶塑造加持後供於佛塔內，年代久遠的佛塔傾倒，擦擦遂得出土。泰國人不論是華人還是傣人都喜歡擦擦，他們深信佩帶擦擦可以護身，在泰國到處可以看到擦擦的雜誌、月曆及圖鑑等出版品。擦擦的價值視塑製的高僧、名寺、年代及品質而定。

超大的恰都甲（Chatuchak）週末跳蚤市場

　　曼谷另一個有古董店的地方，是在恰都甲的週末市場，有數千個攤位，號稱世界最大的跳蚤市場，只有週末假日才開放。這個市場，我從未一次逛完，因為實在太大了，攤位密集曲折像迷宮，我去了那麼多次但每次都會迷路。這市場的東西應有盡有，從衣飾、手工藝品、木銅雕、陶瓷、蔬果、花木魚蟲、寵物、日用品、寶石、小吃及古董等等。蘇活族（soho）在此展售他們的創意、泰北少數民族販售手工紡織品及工藝品、西藏人賣天珠，而隔壁攤位可能是哈雷族開設的酒吧，雖新舊雜陳但彼此相容，真是酷到不行。對絲棉麻織品有興趣的人，這個地方最多，甚至有一種手工老泰絲布，說是幾十年前生產的織品，大概只有古董迷才會激賞。只是夏天35℃的高溫下，這市集裡熱得像火爐，很容易中暑，每三十分鐘我就要喝一個椰子才能消暑。

　　在這個大市場裡要找古董可不容易，幸好它有按商品種類劃分區域，古董類在26區，遊客可以按圖索驥。這裡的古董也是包羅萬象，真古及仿冒皆有，但以老的民藝品較多，我曾在此買過老燈具零件及老棉線包皮電線等稀品。這裡的古物檔次不高，價格不貴，雖不登收藏等級，但饒富趣味。

　　台灣古董藏家最喜歡的可能還是中國古董，曼谷古董店也的確有很多中國古董，較高檔的中國古董是唐俑、唐馬，這類高古古董在中國禁止買賣又非主流古董，在台灣與中國的市場價錢低落，但其藝術性與年代價值仍受歐美人士青睞，在西方古董市場價錢甚高，所以在曼谷的古董店

1 週末跳蚤市場恰都甲之古董店，專售燈具及時鐘等民藝品。 2 週末跳蚤市場恰都甲之泰絲與織品店 3 曼谷湄南河一景

處處可見，當然其主要顧客絕非台灣人或中國人。但2006年以來，大陸古董業者湧進曼谷，他們組團或合資壓境搜寶，敢出高價，店家多年乏人問津的中國古董庫存，卻意外地出清存貨，中國古董精品已被搜刮乾淨，造成曼谷古董市場的震撼。但2008年的金融風暴使大陸古董業者突然絕足，2009年初曼谷已不見中國古董業者的蹤影。此大起大落的現象在於中國古董市場生態之特異性，大陸之古董買家大多是投機客，他們買古董不在於收藏欣賞，而多半在於轉售賺錢，當金融風暴來襲，投資熱潮驟然停頓，古董投資客自然收手。

曼谷古董店最豐富的是佛像，有來自各國的佛像，如中國、西藏、越南、柬埔寨、尼泊爾、泰國、緬甸及印度等地，各地的佛像風格各異，最令人驚豔的就是犍陀羅佛像。犍陀羅佛像產在西元三世紀巴基斯坦的古犍陀羅王國，是東方與希臘藝術的結合，其佛像深眼高鼻

河城商廈（River City）
地點／Si Phaya路底，湄南河畔的Si Phaya碼頭旁。
交通／計程車
　　　高架捷運Skytrain（BTS）終點Saphan Taksin站下車，換免費接駁船到河城商廈
網址／www.rivercity.co.th

恰都甲（Chatuchak）週末市場
地點／Mo Chit 的 Chatuchak週末市場第26區
時間／週六、週日上午9點到下午7點
交通／高架捷運Skytrain（BTS）到Mo Chit站
　　　地鐵捷運MRT到Chatuchak Park站
網址／www.jatujakguide.com

捲髮如希臘面孔，是具有特殊風格的佛教藝術，現存世極少。2008年我在巴黎考察古董市場，僅看到兩尊犍陀羅佛像，雖殘缺甚多，但店主仍惜售。犍陀羅佛像也是原產國禁出境的古物，但在曼谷古董店卻可看到十餘尊。

　　曼谷面對的是國際人士，提供多樣化與各檔次的古董文物，可滿足各類古董愛好者的需求。在中國文物方面，貿易瓷與中南亞沉船寶物係本地傳世與出土的特色文物，海外遺珍則視機運或可尋獲；在佛教古董方面，包含了亞洲各地的佛像，是最為豐富的文物；在東南亞古董上，具熱帶風情與東方元素的文物，國際的美學評價極高。曼谷提供一個很好的選購平台，其古董店的集中性便於客戶搜尋：中高檔古董以「河城商廈」與「O.P.Place」較多，低檔的民藝品就到恰都甲週末市場尋找，花費兩、三天的時間，即可重點式地逛完所有的古董店，但切記，泰國本國的佛像不能攜出海關。

世界著名跳蚤市場
Exploring the World Famous Flea & Antique Markets
與古董市集
[香港]

香港的古董市場◆
──中國古董的集散地

> 香港是全球中國古董的交易中心,也是中國古董的集
> 散地。香港提供藝術品免稅,且無進出口管制,是中
> 國藝術品交易最活躍的地方,也是紐約和倫敦之外,
> 全世界的三大古董藝術品市場之一。

荷李活大道上的古董店

　　「珍」是我在英國唸書時的同學,幾年前她曾提起,我若到香港玩可住她家。在英國時,我有二位要好的香港女同學,她們唸的是英國語文,當時我連英文打字都不太行,常請她們幫忙,而我能效犬馬之勞的,就是開車帶她們出去玩。我當時玩最多的地方就是古董店或古董市集,當然也常帶著她們去看古董。氣質優雅的珍對古董藝術也相當有興趣,還記得

荷李活道之古董店櫛比鱗次

她有次買了兩隻古董鋼筆，愛不釋手。珍畢業回港後再去唸香港大學的藝術史課程，繼續做古董方面的寫作與業務，目前其古董功力已青出於藍了。

早就想去香港看古董，當時經她一提，一禮拜後我就直奔香港。還記得那天下著大雨，她到機場來接我，一路上淋了不少雨才輾轉到她家。

第二天，珍帶我從中環爬坡往上走，接荷李活道，街道順山而建，由中環伸展至上環、西環。馬路兩旁有幾十家古董店，也夾雜一些畫廊，店面都甚具規模，一看就知道是較高檔的古董店，這些店面的陳設皆相當有品味，販售著許多中國古物，而且種類繁多，舉凡陶瓷、玉器、石雕、牙雕、銅器、銀器、漆器、家具、屏風、字畫、古籍，甚至罕見的中國古代婚禮服飾等應有盡有。到港遊客，即使不是古董收藏家，也愛到此感受一下不同的香港味，荷李活道還曾被外國雜誌評為世界十大受人喜愛的旅遊景點。

珍沿途介紹：「荷李活大道是香港建埠的第一條街道，是香港最古老的道路，因當年長滿冬青樹（Hollywood）而得名。」我們一路走過去，由於時候尚早，開門的店家不多，只能先看看櫥窗，只見明清瓷器釉光耀目、古董家具高尚典雅、竹木牙雕精巧細膩，另有甚多高古彩陶，令人目不暇給。

荷李活大道旁的砵甸乍街，這附近有幾家地毯店，其中的 Caravan 地毯店，店主為澳洲人，他對於中國老地毯如數家珍，庫存百張西藏老地毯，又有不少寧夏老地毯，相當專業。另一家巴基斯坦人的店，店內充滿霉味，雖打出清倉一折起，卻開出超高的價格。

樂古道與摩囉街上的古董店

荷李活道盡頭碰到樂古道，其街名即以樂於古董為名，是個古董集中特區，街上的大樓規劃為古董商場，有數家古董店，幾乎都是高古出土文物。樂古道銜接荷李活道與摩囉街，

1 樂古道上的荷李活古玩廣場 2 香港採購的西藏古董地毯 3 香港街道指標，顯示古董街方向。 4 荷李活道之古董店 5 香港採購的法式路易十五桌椅 6 摩囉街的側巷，步上台階即為荷李活道。

我們轉進街景古樸的摩囉街，只見狹窄的街道兩旁擺滿地攤，琳琅滿目的東西，有玉器、陶瓷、木雕等古玩工藝品，也有跳蚤市場等級的二手家電日用品。這是條富有特色的街道，摩囉街也叫「貓街」，是香港最有名的尋寶街。其實多年前在台灣，早就聽過香港荷李活道與摩囉街古董店的盛名，那時已有人報導，這裡出土文物多得驚人，一家店就有上百顆孔龍蛋、上百件宋青白瓷瓶、成堆的漢綠釉、一落落的宋代建窯茶碗⋯⋯。台灣的古董業者都會到香港批貨，印象中這是個充滿好貨、價錢便宜的古董寶地。

珍以她一貫從容的語調解說：「摩囉街自20世紀初就成為古董市集了，這裡早期是印度水手聚居的地方，他們將隨船攜帶的私貨及舊物就地擺攤，好奇的人常愛來這尋寶，有了人潮，中國人也來擺攤賣舊貨，這裡同時也是小偷銷贓的大本營，廣東小調：『走去摩囉街，舊貨搶著賣』。後來中國人攤位漸多，印度人攤位反倒是銷聲匿跡。」

這裡的地攤貨多半是大量仿造品，我就沒看了，珍也不看。

摩囉街地攤後面的店家也是古董店，店面較簡約，看起來沒有那麼高檔，價錢應該不貴，於是除了陶瓷店外，我們逐一進去參觀。果然有好貨，每家店都有一、二件紫檀、黃花梨家具，這些名貴古董家具在台灣還不多見，每件也都要數十萬台幣，若是真品，理說不

貴，但我還只是趁機開開眼界，不敢真買。香港店主都有不錯的文化知識，談吐也頗有氣質，店家皆和氣笑臉迎人，即使沒買，態度也很親切。

到了街尾一家店，玻璃櫥窗內擺著一組法式桌椅，是路易十五風格的邊桌，造型極為優雅，以玫瑰木（Rosewood）製造，西洋命名的玫瑰木也就是中國所稱的酸枝或紅木，暗褐色不上漆的原木閃著幽光，突顯堅硬的木質與美麗的紋理，我在店外被它高貴的氣質所吸引。之前在英國逛古董店時，我就很欣賞西洋古董家具，可惜體積龐大，無法手提帶回國，又怕歐洲運費昂貴，所以始終未買，回台後每憶及此事，總有錯失良機之憾。

於是我們推門進入細看，發現這組法國式桌椅的面材竟是瘿木，桌面、椅面及椅背都是整塊瘿木，尤其桌面，一大塊的瘿木是很難得的。瘿木即樹疙瘩，樹木根部或樹幹所生的樹瘤，樹瘤既是樹木生病所致，故數量稀少，大材更屬珍貴。這組桌椅的瘿木紋理細密清晰，質地又堅硬，色呈黑褐，應是緬甸的花黎瘿，俗稱佛頭瘿。

這組桌椅刻有貝紋及卷草紋，雕工細膩，看不到任何刀痕，因其木質細密，打磨後表面甚為光亮，令人產生錯覺，誤認椅身為塑造而非木雕，但它確是木造雕刻。此外，路易十五世代洛可可風格桌椅腳的曲線極美，是一件可供欣賞的藝術工藝。西洋椅子高度比中國古董椅稍矮，符合人體工學，坐來較為舒適。

1 香港玉市內部攤位 2 香港九龍之玉市 3 德豐古董店之譚宗聖先生

　　這組法式桌椅為1880年所造，其價錢只有之前看的紫檀、黃花梨的幾分之一，便宜甚多；當然，這種法式家具在華人世界並非主流古董，故價錢不高。而且我猜它可能來自越南，越南曾為法國殖民地，較有可能生產法式家具，也才能把法式家具做得精緻吧？這家古董店Ashwood是法國人開設的，我訂購後請店家處理包裝及海運，經一個月的時間才送到台灣，再加上海運費、報關費及本地運費，也是所費不貲，幸好能以古董進口，免繳進口關稅。

　　此後雖路過香港幾次，卻沒有認真地尋購東西，只買過二個瘿木面的酸枝小木匣，隨身攜帶回台。

九龍甘肅街上的玉器市集

　　珍又指引我到香港的玉器市集，玉器市集在九龍的甘肅街，台灣開放赴大陸前，台灣玉商大多到香港批貨，香港玉市原在廣東街以攤販的形式做生意，1984年香港政府整合規劃，在甘肅街建了二座有頂大市場，將所有的玉器攤販遷來此地，琳琅滿目的玉石飾品，吸引許多外國旅客前往，但該玉市大多便宜貨，必須仔細挑選與殺價。台灣開放赴大陸後，台灣玉商大多到大陸的產玉區直接採購了。

歷久不衰的香港古董市場

為考察香港古董市場，經珍的介紹，2009年特地拜訪了香港古玩鑑定委員會副主任吳繼遠先生，他是一位經驗豐富的古董商及鑑定家，1970年就繼承父親的古董店，至今是業內翹楚。對我這個台灣人的來訪，他顯得有點熟悉又陌生：「以前有很多台灣人來，但現在幾乎有十年沒見到台灣人了。」

「這幾年台灣經濟不太好，都嫌香港的古董貴啊！」我不好意思地說，順便問：「現在的客人大多是洋人與大陸客嗎？」

「這幾年內地經濟起飛，很多有錢人開始喜歡古董。從前內地較好的古董不是被擺在博物館，就是在民初時期流散到海外，現在內地人要買靚古董，只有往國外找，而香港是最近的地方。」

「香港那麼多高古古董，是真的嗎？」我又問。

「只要高價的東西都有假的，買古董要小心。」

他接著介紹香港的古董市場環境：香港是全球中國古董的交易中心，也是中國古董的集散地。香港提供藝術品免稅，且無進出口管制，是中國藝術品交易最活躍的地方，也是紐約和倫敦之外，全世界的三大古董藝術品市場之一。香港的古董商務專業又發達：有專業的古董運輸包裝技術，脆弱的高古陶瓷或大件古董家具皆能安全快遞到家。香港並有各類古董修護師傅，包括瓷器的修補。1974年代開始，兩大國際拍賣公司蘇富比、佳士得都在香港設立分公司，每年定期在此舉辦春秋兩次大型拍賣會，其他大大小小的拍賣行陸續進駐香港，洋人也來此開設古董店，營造了藝術品市場發展的氛圍。香港還有三個古玩鑑定機構，為客人鑑定古董並簽發鑑定證書：香港藝品商會所屬的「古玩鑑定委員會」、中科研發有限公司、香港城市大學，以及每年有兩個大型古董展：國際古玩及藝術品博覽會（International Asian Antique & Art Fair）及亞洲國際藝術及古董展（Asia International Arts & Antiques Fair）。

我又走訪了德豐古董店，它在荷李活道專營竹木牙雕古董雜項，這類中國傳統雜項古董，在現今香港已難得見到。店主譚宗聖先生外型方頭大額，像個北京王爺，他的祖父民初就在北京前門大街開設古董店，父親於解放前遷來香港，多年後才由他繼承，店內藏品維持著京城古董的特色，都是古代工藝家的作品，而非出土文物。

我在這裡看中了一支竹雕小香筒，小香筒是作為薰香器，線香可插於筒內，線香之薰煙從鏤刻間隙飄出，可用來聞香又兼具欣賞把玩的功能。這支小香筒用浮雕與鏤空雕技法刻出，刀法圓熟，磨工精緻，是典型的嘉定派竹雕風格。在這方寸裡刻有松樹，松鱗蒼古，人物皆容貌俊秀、栩栩如生，樹旁假山石壁，空靈剔透，極富層次感。而且色澤棗紅，皮殼滋潤，在燈光下閃爍發亮，以竹材色變的時間估計，是清中期之物。

既買了東西，我也就大方坐下聊天，並請求譚老闆再拿出好東西讓我長長眼。他搬出了幾樣東西給我看，如明代竹雕筆筒、明代犀角杯、明代黃楊木雕等等。我大為驚嘆：「這等級的文物可以送國際拍賣場的。」

「我的好東西是不送拍的，拍賣後人家只記得拍賣公司，不認識它的店，好東西要留在自己店裡，即使錯失高價機會。」

我好奇問他：「為什麼現在香港古董店多賣高古陶，而少雜項古董？」

譚老闆側頭想想，一口北京腔道：「因為洋人喜歡大件古董，可以用來擺設，市場需求大嘛！其實中國雜項才是文化層次的昇華，非生活用品的才是文化的最高境界，它是超脫了實用功能的。」

1 香港古董店裡的唐俑 2 鑑定協會副主席吳繼遠先生與其繼遠美術古董店 3 香港古董店裡的漢陶俑與陶罐 4 香港古董店裡的漢陶馬

　　譚老闆真是位有個性見識，又深知美學理論的人，離開時，他送我一本清嘉慶褚德彝著的《竹人錄》影印本，這本書是中國最早寫竹雕藝術的書，後人凡談竹雕，總要引用的。

　　荷李活道上另一家店面堂皇，藏品豐富的觀古堂，店主羅先生的祖父曾在清廷為官，家中收藏古董已四代之久。香港古董業的繁榮是在中國解放之後，當時很多中國前朝的古董商逃離中國，轉赴香港營業，因此香港聚集了一批精明的古董專家，世代相傳，可謂臥虎藏龍。

扮演古董分流與轉運交易角色

　　40年代起香港扮演了大陸古董流失的轉運站，也是兩岸三地古董轉運站，台灣的收藏家或業者常搭機來港拍賣，或委託香港的中間人代為執行。甚至連中國的博物館也會派人到香港尋寶，晚近眾人所知的幾件重大古董發現，例如1994年香港竹簡事件，當時香港古玩市場出現了一批楚簡，台灣、中國及日本等買家競相奪寶，其中上海博物館就收購了一千二百支。再如1997年的春秋趙國銅馬，盜墓者在河北邯鄲挖到春秋時代趙王墓，取得中國年代最早之三座銅馬，也是先偷運到香港再流轉至英國。被考古界譽為「金文之最」的西周遂公盨青銅盤也是在香港發現的，該盤是2002年北京保利博物館專家在香港文物市場上購買。發現

1 摩囉街之地攤（潘榮健攝）**2** 荷李活道之大型古董店（潘榮健攝）

時其大半為土鏽所掩，露出的部分銘文深奧難懂，內在價值尚不為人知，後來解讀才知記載大禹治水的事蹟，成為大禹治水傳說最早的文物例證。該盤距今有兩千八百五十年歷史，上鑄九十八字長篇銘文，「大禹是人還是蟲」的百年爭論有了鐵證，大禹治水的文獻記載亦因之提前近七百年。

據《誰在收藏中國》作者吳樹的調查，目前中國文物正經由香港的管道大量外流。中國流出海外的古董文物有一半以上是經過香港分流到世界各地的。每年由香港批發到海外的中國古董至少十萬件以上，其中大多是出土文物。其實香港古董市場三、四十年前還是以明清的東西為主，也就是傳世文物，店家到海外各地尋購。後來明清古董價錢漲高，真品也逐漸缺貨，正值中國大陸盜墓猖獗，出土文物，即地下、古墓挖出的文物，如彩陶、青銅器、漢唐俑馬等接續上櫃。九七前香港古董店即滿山滿谷的彩陶，讓人以為地下取之不盡，或複製不完的。

九七香港回歸後，中國官員強調文物保護法不會在香港實施，舞照跳、馬照跑，香港的古董市場繁榮更勝於前，古董店櫛比鱗次，店店都有精采的文物，每家店都有甚多的漢馬漢俑與唐馬唐俑，以及一件件的青、白宋瓷，這些一、二千年的作品如此神采奕奕，高達百公分高的陶馬與俑多麼壯觀，高古陶瓷琳琅滿目，樣樣是寶，令人驚嘆連連。

而傳世古董，如家具或明清瓷器，之前幾年，香港古董市場尚可看到不少明清瓷器、

古董家具及古董雜項，但現在明清瓷及家具幾乎消失無蹤，勉強看到兩家，皆像新仿，更別説以前家家都有黃花梨或紫檀。而曾經在古董店海量出現的彩陶，現在要在店家找到一只彩陶竟是不易，吳繼遠説：「挖不到了，現在連甘肅賣家都來買回呢。」

荷李活道、摩囉街、樂古道
地點／香港本島上環
開放時間／10：00-17：00
交通／上環地鐵站A1出口

玉器市場
地點／九龍油麻地甘肅街
開放時間／09：00-16：00
交通／佐敦地鐵站A出口

少了彩陶，但現在是滿街的漢俑、漢馬、唐俑、唐馬，樂古道一家以做批發為主的古董店，地下室堆滿了唐馬唐駱駝，有的高達百餘公分，比一座博物館的收藏還豐富壯觀。出土文物在中國大陸是不得販售，地下挖的東西都是國家的，所以在大陸古董店很少看到高古文物，但盜挖者就把這些高古文物都送到海外如港、澳及曼谷等地銷售，以洋人為主要終端顧客。

香港確是中國古董的聖地，連北京、上海的古董商也到香港批貨，因為香港貨多量足，東西也就便宜，所以在香港古董店看貨的大多是中國業者，稍微聽一下口音就可知。海外買的古董進中國海關時，中國海關會在古董底蓋上火漆印，就成為失落海外的歸國古董，其古董的真實性也較受肯定。

但國寶級的器物，也不是普通人可以在店家櫥窗看得到的。通常盜墓者挖掘出土器物後，只送交特定古董商，古董店又只會通知特定的客戶購買，這種特定客戶都是大藏家或大古董商，他們經常交易往來又花得起錢，所以重要古董的流通有其管道，不是普通人能介入的。

香港一些古董店以工藝貿易公司之名，從事古董批發生意，古董多到以批發計，確是令

人咋舌。不少古董店以「藝品店」或貿易公司之名，是否暗示其貨品是藝品而非古董？這常令買家為之困惑。

近年來中國經濟快速發展，華人世界對中國古董文物的殷切需求與日俱增。中國古董價錢飛漲，自然香港的古董也是漲翻天。香港的古董市場仍持續繁榮，只是台灣的古董業者力有未逮，多已裹足不前。

世界著名跳蚤市場
Exploring the World Famous Flea & Antique Markets
與古董市集

[中國]

北京

上海

北京古董市集 ◆
─琉璃廠與潘家園

> 北京琉璃廠歷史悠久，至今仍是古玩業者著名之所在；潘家園90年代才竄起者，只惜想淘真寶猶如大海撈針。近年中國興起一股「紅色收藏」熱潮，早期共產黨的黨政軍文物，年代雖不久遠，但市場日益火紅，升溫態勢迅猛。

提到東方文物，自古中國實為先進，歷代所遺文物，精美奇妙。文人的「雅癖」與「痴絕」造就了古董業的綿延相傳。遠在二千年前的漢代，就有書籍及其他文物買賣的跳蚤市場「槐市」，明朝董其昌寫有經典名著《骨董十三說》，1470年間明朝畫家仇英及杜堇均畫有〈玩古圖〉。論中國文化水準，仍以六朝古都北京為高，這裡有較多的古蹟、書肆、跳蚤市場及古董店，是文人薈萃之地。來到北京，為了方便進出琉璃廠與潘家園，我特地預訂宣武門外的一家商務酒店，按址尋去，卻遍尋不著，經詢站崗衛兵，竟然眼前就是了，也許因為是舊式國營旅館，外觀竟像個解放軍營基地，設有柵欄及軍服警衛，好不嚇人。

北京古玩業的老字號─琉璃廠

琉璃廠是中國古典文化的代表窗口，早年北京古玩業最有名的地方。明朝永樂年在此地燒製琉璃瓦，因此得名。清朝定都北京後，清朝實行「滿漢分城居住」的政策，將

1 明代玩古圖，明代杜堇繪。**2** 琉璃廠之宏寶堂，專賣文具、印章、壽山石等傳統文房用品。

1 琉璃廠之古籍書店，屬中國書店店面。2 琉璃廠西街小巷 3 琉璃廠最大之書畫古玩店榮寶齋，外觀雕樑畫棟。4 琉璃廠最大之書畫古玩店榮寶齋，內部空間寬闊。5 琉璃廠中國書店二樓古籍部門，空間寬廣，藏書豐富。6 琉璃廠西街內小巷，內有甚多書畫個體戶。

內城漢民遷至外城，漢族官員及文人學士多居住於琉璃廠一帶。外地官員、學子從南方各省來京，多由南邊的外城廣安門入城，也就近居住於宣武門外的琉璃廠一帶，這裡逐漸成為文人薈萃之地。至編纂《四庫全書》時，全國珍貴圖書彙集北京，薦書者和編書者多居住於此地，參加編撰《四庫全書》的編修官們午後歸宿，各以所校閱某書應考某典，詳列書目，至琉璃廠書肆尋訪。從此自發形成了書肆、筆莊、紙舖、文具之總彙集所。

琉璃廠之所以再轉型為古玩市場，主因在於從前官吏愛玩古董，但士大夫終日奔走於古玩商肆顯示有錢與有閒，必易啟社會之疑，而買文具買書，固無人可非議。商人尋士大夫之心理，夾古玩舖於琉璃廠之間，好古玩者雖終年流連於古玩舖，亦可以遮掩耳目。琉璃廠古玩舖發展至清中葉已極為繁盛，外官送禮常由古玩店代辦，古玩為昔日進身保祿所不可或缺。中國歷代官場以古董餽贈的手法至今仍盛行，官吏常以收藏古玩為隱藏財富之妙法。

歷史上北京古舊書店鼎盛時期，大中型舊書店約近四百家，至1949年初都還有一百家出頭，「公私合營」後，北京的古舊書店都合併到中國書店一家，琉璃廠的來薰閣、松筠閣、

文奎堂及邃雅齋等四個老字號皆屬中國書店，其店面仍然保留至今。

中國古籍的消散，雖然來自社會動亂，但最主要原因是在1960年代破四舊的文革，各地公營書店的古書全遭銷毀，所有古舊書籍幾乎毀滅殆盡，以至於現今全中國四分之一的省分沒有舊書店。

琉璃廠沒落了五十年，直到1986年，北京市政府決定恢復琉璃廠古文化街，在琉璃廠東街和西街新建了一批仿古建築，並將其劃為步行街。走進琉璃廠西街，兩旁古典建築掩映在高大的行道樹旁，描金髹紅，雕樑畫棟。很快就看到宏偉的北京古籍書店，一樓是豐富的藝術圖書，二樓是滿滿的古舊線裝書，線裝書不能直立，只能平擺，所以每本另夾小籤。諾大的書庫除了我之外，沒有半個客人，只有三、四個職員聚在一起閒聊：「唉！現在是想看書的人買不起，買得起書的人不想買。」

1 琉璃廠皮影戲偶店，兼營小件古董。 2 琉璃廠古廟畫院，六百年歷史之元代廟宇。 3 琉璃廠街上之篆刻師 4 潘家園之露天地攤區，週四開放民眾擺攤，即有千餘民眾熱烈響應。

説得也是，隨便一本古舊線裝書至少要普通人一個月的薪水，公教人員哪買得起？而中國有錢的大腕雖多，但這種暴發戶是不會花錢買書的。

琉璃廠規模最大的店是榮寶齋，創建於康熙十一年（1672），前身稱「松竹齋」，是一家頗有名氣的南紙店，主營文房四寶，兼營中國傳統的文玩字畫。在1894年幾乎倒閉，改組後店名改為「榮寶齋」，解放後成為國營企業。榮寶齋早年即以經營現代名書畫家如齊白石、張大千、徐悲鴻等人作品聞名。此外專長於木板水印出版，木板水印適合水墨字畫之印刷，以其複製之中國字畫幾可亂真。榮寶齋面積寬廣，一進門即可感到公營店舖空氣之凝固，連結帳櫃檯都是全罩式玻璃，僅容伸手付帳。

琉璃廠附近假字畫充斥，多由現代畫師仿冒或以木板水印複製，遊客只要走在琉璃廠大街，立刻有掮客趨近，像蒼蠅般地黏過來：「先生，要字畫嗎？找古董嗎？」

「要看看高仿的字畫嗎？」明白表示高級仿品，這還是比較老實的掮客。

這些賣字畫的個體戶都在琉璃廠西街商店後面，他會帶著你鑽進迷宮般的小巷子，巷子裡面都是賣字畫古董的小屋，任何古今名家作品都有。琉璃廠臨街是富麗堂皇的店面，店後卻是破舊的胡同陋屋。最好不要好奇跟著掮客進去，否則很難脫身。

在琉璃廠大街，到處可見篆刻、書法及水墨畫，篆刻家就坐在門口小凳上刻印，雖然遊客熙來攘往人聲雜沓，仍聚精會神埋頭苦刻。這類篆刻書法的中國古典藝術在台灣已式微，但在中國藝術市場仍蓬勃發展，隨處可見這些營生。

瓷器方面，磁州窯原本是北方普遍的古窯，畫意灑脫，筆觸豪放，具有深濃的民風，但在各家小古董店最常見的磁州窯竟是貓枕，這種磁州窯貓枕在歐洲日本的古董市場也常見，

因為他們大多喜愛貓咪。令人好奇的是，自古中國的貓文化向來不興盛，怎麼會留存有如此多的古貓枕？想想也就知道，這是近代為了迎合歐日客人的喜好而大量仿製的。琉璃廠西街有家小古董店擺了各式瓷貓，老闆自豪是全琉璃廠擁有最多古董貓的店，可是又說他家不養貓，看不出他真心愛貓，可見得老闆是為生意而賣貓的。此外，在古董店又常見一種「文革貓」，是文革時代所生產的貓狀茶壺，外貌形似日本的招財貓，舉出一隻貓手當壺嘴，可掀起的貓頭當壺蓋，乍見有點笨拙，但愈看愈覺慧黠可愛。

琳琅滿目的潘家園舊貨市場

　　「登長城、吃烤鴨、遊故宮、逛潘家園」是外地遊客到北京的首要節目。潘家園位於北京東南邊，原名潘家窯，因曾有潘姓人家經營磚窯而得名。1970年還是憑糧票購物的時代，當時潘家園仍是一片菜園，有些人私下在此擺攤賣腳踏車零件。1980年代中期，古董舊貨開始擺出來。這種非法文物交易，多在凌晨摸黑進行，而被稱鬼市。隨著改革開放，1990年代已有相當規模，馬路兩側公然擺滿了地攤。這些攤販大都來自山西、河北、天津、陝西、內蒙古、河南等地，他們把鄉下收到的古物帶進北京，確是貨真價實，不少識貨的港澳及洋人聞訊趕來，在此大批進貨。

4

1 潘家園古典建築區之古董店 2 潘家園之舊書區，二百餘家舊書攤倚牆而立。 3 潘家園之玉器攤，幾乎全為白玉。 4 潘家園之磁州窯，白地黑描。 5 潘家園之磁州窯貓枕 6 潘家園露天地攤區之高古陶器 7 潘家園大棚區之建窯黑碗，又稱天目碗。 8 潘家園露天地攤區之銅器 9 潘家園西南少數民族之童帽

　　1990年代中期，公家開始整治這個市場，搭棚子，鋪水泥地，建圍牆。想不到愛淘寶的人那麼多，市場總是擠滿了人，於是不斷地擴大。原來市場只是週末日開放，後來改為每週四天，2009年8月更改為全年無休，每個星期四還開辦了正宗的「跳蚤市場」，免費提供攤位讓一般市民帶上自家的老舊物品來擺攤，目的是為了增加客人的新鮮感，提高淘寶的樂趣。現今攤位共約四至五千個，來自全國各個省市自治區及民族，其市場的規模穩坐世界前三名。

　　「天安門廣場抬頭看升旗；潘家園地攤低頭尋國寶」是句流行語，只是假貨越來越多，寶貝越來越少。大家都知道在潘家園淘到真寶猶如大海撈針，但仍然蜂擁而來想碰運氣。潘家園裡有文物稽查隊，他們不是抓仿冒，而是查緝真品出土文物，因為出土文物都屬國家所有。雖然中國出土的文物不得買賣，但現場到處都是彩陶、漢俑漢馬或青銅器等出土文物。在露天臨時攤販區，我拿起一個漢代馬頭細看，攤主老伯堅稱他的東西是真貨，他倒了一點水在漢代馬頭上，給我聞聞看，果然是土味熏天，這種檢驗法其實不準，即使新仿品也是有土味。後來在好多地攤都看到漢馬頭及漢俑頭，反不見唐馬唐俑，好像目前他們正在推漢朝文物似的。

　　在北京古董市場最多的貨色是玉石，而幾乎全為白玉，這是北方人的喜好，而台灣人及港澳人則嗜青綠的翠玉。過去白玉主要用於擺件與把玩件，而罕用於首飾，近來白玉已開始珠寶化，朝翡翠首飾造型發展，這些年籽玉價錢漲翻天，而銷售者也大量供貨，白玉鐲隨處可見。

　　潘家園又為全中國最大的紅色收藏品交易中心，所謂「紅色收藏」，是指文革前後共產黨的黨政軍文物，包括毛澤東雕像、徽章、政宣海報等，甚至有紅色官窯，乃當時為毛澤

東所特別燒製之瓷器。這類東西是中國專有的題材，年代雖不久遠，但市場日益火紅，新開了不少專賣店，加上潘家園大力炒作，連辦了六屆的全國紅色收藏交易展，並舉辦紅色收藏的理論研討會，升溫態勢迅猛。

潘家園的舊書區相當可觀，在園區一側長達200公尺的牆面，左右整齊的書亭，兩三百家的攤位一字排開。但這裡線裝書稀少，大多民國及解放後之書報雜誌。一本民國十四年的《樂器雜談》，單薄而不起眼的小書，竟也開價1500元人民幣。

潘家園的中國西南少數民族的攤位上大多是些刺繡或古銀，其中一家賣老布的少婦，身穿民族傳統服飾，臉上堆滿笑容，其布料層層疊疊立掛滿牆，色澤暗陳，的確是老舊的古布。

老闆娘笑咪咪地一張一張地攤開：「我們有麻的；我們有棉的；我們有樹皮織的⋯⋯。」

她拿起一條粉紫色的細柔圍巾：「這是我們苗族姑娘出嫁時圍的，只用半天，第二天就洗乾淨收起來，將來女兒出嫁時，再傳給女兒。」

這類手工織品從抽絲、編織到染色都是手工作，甚有民俗傳統風味。每塊布都有其特色，令人一時不知如何挑選。

打烊時的古董掮客

到了下午四點多，店家就已開始紛紛收攤，他們把每樣東西放進錦匣，雇車離場，店家每天進場出場都這樣打包拆包擺設，可真辛苦。就在此時，鐵皮屋頂下的地攤，看到一攤天目碗，包漿古樸似真品，令我為之一振。潘家園的建窯黑瓷不多見，大約三攤左右而已，於是我往小凳坐下，仔細觀看，正好乘機休息喘口氣，攤主熱情招呼，介紹說左堆是老件；右堆是新品，老貨裡又有舊胎新釉，價位皆各自有別。

1 潘家園之文革瓷器，稱為紅色收藏。 2 潘家園舊書區，年代不久的革命海報，但已成收藏品。 4 潘家園之雜項地攤區
3 潘家園建窯攤主，採真古黑碗之碎片，用於鑑定比對之參考。 5 潘家園舊書區之紅色文物

「你是福建人？」老闆娘問。

「是啊！妳怎麼知道？」

「我聽口音就知道，我也是福建人。」老闆娘似他鄉遇故知，語調親切而興奮。

「妳住在北京哪裡啊？」我很好奇，她從福建到北京擺攤，如何居住？

「租屋啊！租地下室呢。沒賺到什麼錢。」「我叫小兔毫，我太愛家鄉建窯了，連名字都改成建窯黑瓷（兔毫為黑瓷中精品）。」雖然攀親引戚裝可憐是常見的生意手腕，但她真情流露又笑容可掬，令人不忍不惠顧，我最後挑了二只老天目小茶碗。

■ 琉璃廠
地點／宣武區琉璃廠東西街
時間／平日
交通／公車14、15、16、25、45，地鐵2號線和平站。

■ 潘家園舊貨市場
地點／朝陽區東三環華威里18號
時間／週一至週五8:30-18:00，週六、日4:30-18:00。
交通／公車28、34、36、300、368、713、802、730、957、974、976。
網址／www.panjiayuan.cc

潘家園內隨時有公安、城管巡視，掮客不敢在園內活動，但在打烊離場之際，一位掮客趁亂近身，說他有真古董，又拿出照片要我看，我不回也不看，只顧急步前行，他則一路從園內尾隨到園外，又跟過一條大馬路，最後我收下他的名片才解圍。可是接著又冒出一位邊疆漢子，拿一隻玉鐲與玉佩到我面前兜售，玉器色澤溫潤，質地堅硬，他敲擊發出清脆聲響：「先生，和闐玉，1200元。」

我看也不敢看：「我沒錢啦！」

「你出多少錢啊？」他不死心，又跟過一個十字路口，我匆促招了一部計程車坐進去，尚未關門之際，他竟把玉鐲與玉佩往我身上一擲：「200元。」天啊！從1200元可以降到200元。司機急著開車，我實在不便掏錢，迅即把雙玉塞回他的毛裝大口袋。

潘家園附近還有兩處古董商場：北京古玩城及天雅古玩城，都是大型商場，也各匯集四百家以上的古董店。

1 潘家園牆角之雜項古董攤 2 潘家園之雜項古董攤 3 北京古玩城內有四百家古董店 4 北京天雅古玩城內有四百家古董店

上海古董之旅 ❖
─鎏金歲月的美好記憶

> 上海，昔日的十里洋場，一個古今交錯華洋融合的城市，今日各式古董商場及古董店雨後春筍般地開幕。上海週日的文廟舊書市場，路的兩旁綿延著百米長的流動書攤，大成殿廣場也是書攤密密麻麻，淘書人萬頭攢動。

1 上海西式古董家具，簡練優美。**2** 上海西式古董家具，中西混搭風格。**3** 上海豫園處處樓台亭閣 **4** 上海老街之西藏文物店 **5** 上海老街方濱中路

上海獨特風格的西式家具

　　上海昔日的十里洋場，一個古今交錯的環境，一個華洋融合的城市，在百年前就是中國開風氣之先的地方。上海今日為中國改革開放的龍頭，經濟迅速發展，富裕人士在滿足了日常所需的基本享受之後，開始追求對古董文物的收藏與欣賞。上海的古董市場如同其飛躍的建設，各式古董商場及古董店如雨後春筍般地開幕，上海一地的古董市場就有華寶樓、中福、雲州、多寶、友方、靜安寺等古玩城，此外有城隍廟古董市集、東台路古董街、多倫路古董街、文廟舊書市集及南京西路688號的古董市集等。

　　上海的古董價格也日趨高昂，中國古董業者紛紛到香港、台灣及海外尋貨，甚至在國際拍賣場上搶標。台灣各地城市、鄉下的古董店，都曾有中國古董業者尋訪的蹤跡，海外的中國古董興起了回流中國的熱潮。另一方面，台灣古董業者也相繼轉赴中國開業，上海一地的古董店至少有數十家來自台灣。

　　上海古董店最具特色的物件是古董家具，上海的古董家具有蘇作與上海西式兩類。蘇作家具原係蘇州所創，其硬木家具如太師椅、桌案、几凳等自古聞名，因為上海臨近蘇州，為蘇作的銷售中心，此外上海虹口區也是家具生產的大本營，所以上海很多硬木蘇作家具。上海西式家具是租界時代的創意產品。上海開埠後，在殖民的環境下，上海木匠參考洋人的西洋家具，發展出西洋風格的中國家具。上海西式家具融合中國家具與西方家具的優點，在款式上兼具中式家具的四平八穩及西式家具的舒適美觀，其基座採用紅木、胡桃木等高級木材為主，濃重的質地、深沈的色澤，顯現海派的文化氣息。無論蘇作與上海西式家具都是硬木製造，經久耐用、不易腐朽，早期上海人視紅木家具為得以流傳子孫的珍貴財產，有極濃的

紅木情結。近年無論是蘇作與上海西式，在市場上皆甚受歡迎，價錢飛漲了數倍。

上海較具規模的古董家具店，大多在靠近虹橋機場的吳中路上，另在城隍廟古董商場周圍的小街道，也有多家小型古董家具店，他們就在門口街旁整修收購來的老舊家具。若要欣賞上海西式家具的擺設，可去新天地的「屋里廂」生活展示館參觀，感受一下上海租借時期的家居風格。

老街、城隍廟及豫園古董商場

上海城隍廟、豫園一帶是傳統地方風格的商業區，亭台樓閣、飛檐翹角，古色古香，是屬明清舊時代的往日追憶。此地各種小吃餐廳、古玩商舖和小商品市場櫛比鱗次。在方濱中路的老街上，我就開始嗅到古董氣息了，街上出現了古董相關的店面，如古董家具、西藏地毯唐卡店、高古彩陶店、文革紅色收藏等店。

1 珍寶閣之淺絳彩瓷，畫師所繪之人物山水。 2 珍寶閣古董商場之茶盞 3 珍寶閣採購的吉州窯茶碗 4 珍寶閣古玩商場內部 5 多寶古玩城，豫園附近之河南南路。 6 上海老街採購西藏老地毯 7 東台路古玩街之黨政軍紅色文物

　　幾年前在老街的青藏閣買過二張西藏老地毯，價錢合宜。西藏老地毯有中國地毯的風格，又帶點波斯地毯的味道，卻沒有中國地毯的福祿壽圖騰的老氣，與東西古董家具皆可搭配。西藏地毯量少而貴，在歐美很受歡迎，古地毯以純手工織造，採天然染料永不變色，而新地毯是以化學色料，時間一久顏色逐漸變淡。2009年再到這家店，只見新毯而無老毯。老闆嘆說：「現在西藏老地毯很難找，西藏人都把它當成寶貝不願賣了。」

　　從老街方濱中路右手邊的小巷進去，是個不顯眼的古董商場「珍寶閣」，進去後像迷宮一樣，裡面竟是個不小的天地，一間間的古董小店，很類似台北的光華玉市古董商場：老舊、雜亂、擁擠，空氣中飄浮著些許霉味，這樣的地方幾乎令人窒息。走到一家專賣建窯、吉州窯的小店，來自福建的小張，從裡面一眼就認得我，既是熟識，我就進去歇腳並看看東西。架上一只白釉吉州窯小茶碗，光澤已失，厚重的釉面粗糙不平，卻渾然天成，很具日本陶藝家所要表達的樸拙禪味，碗底素面不待沾水即可聞出濃厚土氣，猜是從地下挖出不久。小張保證茶碗是對的：「我們這商場的店家做的都是同行或本地收藏家的生意，觀光客不會鑽進這裡，往來既是同行業者，若有欺騙在這圈子馬上傳開來，那就無法立足了。」

　　豫園商業區中心的華寶樓，其地下樓也是個古董商場。在方濱中路盡頭的河南南路上則有一棟大型的多寶古玩城，這附近是淘寶者的天地。

東台路上的古董街

　　東台路的古董街是上海老牌的古董跳蚤市場，街道旁緊密排立著古董亭子，攤子後面還有古董店面，總共有二百餘攤及四十多家店面。攤子的古董文物從亭內擺到亭外，幾乎是個

露天市場，這種有特色的地方，洋人最喜歡，他們都會尋旅遊指南而來，所以熙來攘往都是外地遊客。但東台路攤亭的東西檔次較低，且有相當數量為工藝品或仿冒品。遠遠一看，就知道這地方不可能有真古董。稍有看頭的是幾隻文革貓及琺瑯盆，雖然年代不久但已算是老東西了，至於解放前民國時代的日用品，已屬於前朝之物，都被視為古董了。

雖明知不可能淘到什麼寶，我還是每攤搜尋。在中途某攤看到一隻黃銅小貓咪，姿態與文革貓同，狀甚古樸可愛，一問價錢高達180元人民幣，我沒議價轉身便走，接著在鄰近攤又看到一隻，開價僅50元，之後幾乎每攤都看到這種黃銅小貓，令我興趣索然。後來走到一攤，在眾多品物中看見有一隻瓷貓竟與眾不同，神態脫俗，底下還蓋個「付品」的紅印，付品是次級品的意思，這種貓型之前未見過，我甚為喜歡立即買進。

上海老月份牌原本是上海的特產，廣告海報上穿著旗袍的美女，坐在洋沙發上，背後有座壁爐，是當年最時髦的打扮與傢飾，充滿鎏金歲月的美好記憶。但如今所見也都是些複製品，更別想在地攤上買到原版真品。

東台路走到底即可碰到花鳥市場，這是老上海人的玩意兒，有花、魚，蟲等，最多的是蟈蟈、蛐蛐、蛉蟲等鳴叫蟲類，還有各種材質精製的蟲罐子。我曾碰過一位出租車司機，他在車上養蛐蛐，並說開車時一面聽蟲叫聲，心情備感平靜。

多倫路上的古董店

位於上海虹口區的名人文化街多倫路，是中國近代文學發展的重要據點，也是共產黨左翼文學家魯迅、郭沫若、茅盾及葉聖陶等人聚會交流的場所。數十棟上海昔日新藝術風格的建築群，構成了二、三十年代上海的人文風情。現今這批房子大多保存完好，也立了許多文人作家的雕像，設有博物館、展覽館、古玩字畫、書屋文苑、咖啡館等，猶如電影佈景一

般，是個懷舊漫步及文化休閒的好去處。這裡常見有人拍攝婚紗外景，偶可碰到打雙辮，穿素白鳳仙裝上衣，配凡士林藍裙的民初女學生裝扮的女孩，還有穿長袍戴圍巾的男士，挽著身材姣好著旗袍的女士，他們似趕赴一場盛宴。

　　年前來的時候，這裡有幾家個性咖啡餐廳，一杯咖啡台幣170元，一塊起司蛋糕台幣200元，大概因價昂與人氣不足，2009年底這些店都已關門。反倒是古董店增加了不少，甚至有家公營的文物店，公營古董店，這在全世界都少見。不過此店臨街的木造大門緊閉，一般遊客想來是過門不入，我卻極有興趣一探究竟，推開大門，裡面居然燈火通明，警衛及職員皆就定位，氣氛肅寂。在眾多眼睛的監視下，我屏息禁氣地參觀起來，展售的東西還不錯，全都是清末民初的「淺絳彩瓷」，它是晚清景德鎮御窯廠倒閉後，由畫師與員

1 多倫路之上海文物商店分店 2 多倫路之古董店 3 多倫路之古董店，老屋與古董相互輝映。 4 上海文廟書刊交易市場

工自力救濟所燒製，每件瓷器都是一幅名家繪畫，公營企業每件瓷器都有標價，看來是有系統地經營。

文廟舊書市集盛況

上海的週日舊書市場集中在文廟，每逢星期天有二百餘個舊書攤，文廟路的兩邊綿延著百米長的流動書攤，文廟大成殿廣場也是書攤密密麻麻，淘書人萬頭攢動，逛文廟舊書市已是上海文化人的一種生活雅好。文廟最有名的書是老式小本的連環畫，一頁一畫，大多為歷史俠義故事，其畫筆生動線條精彩，有其藝術價值，台灣五十年前曾有流傳。文廟外圍則有一座固定店面的書籍交易市場，景觀甚為老舊，深具60年代的氣息，好像獨立於摩登現代化的上海之外。

文廟就是孔廟，建於元代，屢經戰火摧毀，現在的文廟係清咸豐五年所重建，格局相當完整。其中一廳展示各時代的陶瓷茗壺，豐富精彩。平常文廟要收門票30元人民幣，所以偌大的建築群及園林裡杳無人跡而相當寧靜，這在熙來攘往熱鬧的上海，是個鬧中取靜的地方。

新舊混搭的田子坊

現在上海最波西米亞風格，蘇活族與年輕人最夯的場所，不是新天地，而是田子坊。田子坊最早由藝術家陳逸飛、爾冬強及王家俊等人入駐，以舊廠房改建成工作室，吸引了藝術創意者進駐，其中一家五層樓廠房就有十個國家的藝術家在內。但田子坊仍是個常民化的地方，老百姓出入其間，曬掛的衣服在頭頂上飛揚，電管線七橫八豎地雜亂一通，但它的特色也就是這種頹廢風格，充滿趣味與新舊衝突感。在這裡遊客可以自在地晃蕩，一面走路一面吃東西，也無傷大雅。

1 田子坊，位於上海裡弄的創意園區。2 田子坊不掩舊日氣派的門面 3 田子坊陳逸飛工作室，最早進駐之藝術家。4 田子坊，管線橫陳林立，新舊混雜。

　　田子坊是在上海里弄內發展出來的，曲折迂迴的巷道內，這個創意里弄，有很多條繞來繞去的巷子，每轉個彎又喜見一片新天地。老建築裡開設有畫廊、藝術家工作室、咖啡餐廳、創意店、古董店等。其中的餐廳就有中餐、西餐、日式、泰國、越南、中東、披薩等各式異國口味，甚至還有土耳其水煙館，其精彩多姿可想而知。畫廊方面，有好幾家相片藝廊，雖然攝影是藝術的一項，但在台灣卻很難經營。這裡每家店都很有特色，我最欣賞的是

一家西藏文物店「阿咪度」，其佈置甚為優雅，而日本餐廳「丹」的咖啡也頗為香醇，店內播放悠揚的大提琴古典樂曲，氣氛寧靜。在這裡還遇見了台灣人開設的咖啡館與茶葉店。

　　在這裡，古董店家的話都只能姑妄聽之，必須自己做判斷。我的好友阿文到上海開古董店，堅持只賣真品，竟被當地業者嘲笑：「賣真古董有什麼厲害的？小孩子也會賣，能夠把仿品當真

地點／上海老街（珍寶館、華寶樓）
地點／珍寶館（方濱中路459號），華寶樓（三牌樓15號地下室）。
時間／平日
交通／公車16、26、64、66

東台路古董街
地點／南市區東台路
時間／平日
交通／地鐵1號線，黃陂南路站。

多倫路古董街
地點／虹口區多倫路
時間／平日
交通／公車18、21、70，地鐵3號線，東寶興路站。

文廟舊書市集
地點／上海黃埔區文廟路215號
時間／週日
交通／公車911、18、24、451、715、775、451、789、66、929
網址／www.confuciantemple.com/chinese/zhuye/zhuye.asp

田子坊
地點／盧灣區的泰康路210弄內
時間／平日
交通／計程車
網址／www.tianzifang.cn

古董賣掉才算厲害，才能賺錢。」

確實如此，真古董進價成本高，售價也高，買得起者少，利潤低；而仿冒品成本低廉，售價低，購買者眾，利潤高。

今日市場所見中國古董，絕大多數是贗品。中國人仿古功力世上一流，不僅唯妙唯肖，而且幾可亂真與古無異。現在有些外國收藏家到中國，已不是為了買真貨，而是為了看作假達到什麼程度。《上海法制報》曾有一則報導說：「武漢鑑寶活動的專家們走了二十多個城市，不少地方古董的贗品率達到了80-90％。」此外北京電視台「天下收藏」節目主持人王剛也曾明確說：「現在市場流通的古董真品率不足6％。」中國古董作偽由來已久，不自今日始，惟以今日為烈。明代是中國收藏的一個盛世，當時即有人偽造古琴，而有「退光漆者假其色」之詞；亦有偽造古籍，而有「明人好刻書而古書亡」之句。1942年北京趙汝珍的《古玩指南》一書，揭穿偽作古玩之黑幕，舉例民國十年北京廣安門外大街，即有居民數十家以仿製漢唐陶俑陶馬為業，由河南古董業者收買運回河南古墳埋置，預供古董業者挖掘，後來更進一步由河南運古墳黃土到北京塗布。當時市面上所陳列之宣德爐幾全為贗品，偽製者之多難以想見。而有人說，在清代凡古人所有者，無不設法仿製。

世界著名跳蚤市場

Exploring the World Famous Flea & Antique Markets

與古董市集

[台灣]

台北

台北的光華商場 ❖
─物換星移變動不斷

> 光華商場我看著它開始，也看著它拆除，並曾在這裡
> 獲得不少尋寶的快樂。現在光華商場假日古董玉市雖
> 然舊貨少而仿品多，但總算是個古董市集，還是可以
> 從大海尋珠。

1 光華玉市商場，內部巷弄縱橫另有天地。 2 商場內部攤位

　　我的古董商朋友阿勳，專長是雜項中的竹木牙雕，是個堅持只買賣真品古董的人，他對
仿製古董一向嗤之以鼻。

　　有次我拉他去光華商場，說那兒有個攤位的竹雕木雕很精彩，值得一看。他勉強跟我過
去，在攤子上他拿起一只竹雕筆筒，細看後神情大變：「這筆筒跟前天在木柵東那兒看到的
一模一樣。」

　　隔天阿勳到木柵東店裡，拿起那支店主極力推薦的古董竹雕筆筒，揶揄地說：「你也不
要拿這澳門貨來騙我嘛。」

　　木柵東眼看事機敗露，也不否認，皮笑肉不笑地說：「那是我上手寄售人的問題。」

　　木柵東古董的經驗及眼力皆豐，商場手腕又老練，阿勳以前很信服他，向他買過不少古
董，但後來發現如他的東西出錯，若要向他退貨，木柵東絕不承認。並且聲嘶力竭地說：

1 商場之地攤 2 各類首飾 3 竹雕筆筒 4 商場之青花瓷瓶 5 商場成堆之西藏佛珠 6 商場之老銀、鼻煙壺及玉器攤。
7 商場之雜項古董

「大家都說這是真的，只有你說假的，你要這樣說我有什麼辦法？」阿勳拿他一點辦法都沒有。這次因仿古筆筒之比對，終於證據確鑿。

阿勳失望地跟我說：「難道他們也是到光華商場找貨的嗎？」

「可能不少吧，上次我還在那兒碰到台中馬呢。」我說。

「什麼，連台中馬也跑光華商場？」台中馬的古董以檔次高而自豪，每樣東西都是好幾萬以上，價錢又硬得要命，連個零頭都不肯減的。

所以說，即使堅持只收藏真古董的人，也可以多看些仿製品，以免把複製品當真。光華商場也是可以找到真古董，商人賣的是古董或今董，基本原則在於其價錢，新品或仿品器物若以新工藝品價錢賣，則不算欺騙。

光華商場的生態變遷

光華商場是個廣義的地方，隨著台北城市風貌的變動而一直在變，今日所要講的光華商場古董區是在八德路、市民大道、新生北路圍起來的三角地帶，也就是俗稱光華商場假日玉市的地方，也有人稱之為「澳門街」，因為那裡的古董攤百分之九十是澳門人。說起光華商場的起源，摻雜著許多歷史糾葛。

從前台北的舊書市場在牯嶺街，牯嶺街的舊書攤、紅磚牆與榕樹，形成一個極富文化特色的地方。但日後市府因舊書攤影響市容，而極力要拆除。1973年為安置牯嶺街舊書攤，

在光華橋下開建了光華商場。1979年部分中華商場的古董店家看上這裡低廉的租金，也跟著進駐這塊新天地。剛開始一樓是舊書店，二樓是古董店，舊書與古董自古就是共生文化，此外，八德路上及小巷內也開了好幾家古董店，組成了一個更大的古文化商圈。對老一輩人而言，光華商場及周圍曾是古董迷的聚寶地。當時尚無大陸文物進口，而台灣民藝正興起，所以古董店內大多是台灣民藝品，每逢週六下午還有一場古董拍賣會，大家圍坐一張桌子，對每一出場古董品逐一以字條投標，價錢皆不高，相當有趣。

在八德路的一家古董店，當時我首次看到大陸走私來的石雕藝品，青斗石製約20公分高的觀音像與仙女像，刻工尚稱精巧，與平常看到台灣石磨、石槽的粗糙大不相同，這種只在畫冊上才得以見到的藝品讓我愛不釋手，店家開價一萬元台幣，我竟因一時心動買下。後來才知道，這不過是福建石雕工廠大量生產的東西，成本只有十元人民幣，一氣之下，我就把它砸碎扔掉。

直到1985年左右，台灣電子代工產業興起，電子產業逐漸凌駕古董業，佔有了光華商場二樓的大部分店面，而此時一樓仍為舊書攤，光華商場轉為舊書與電子兩大勢力的局面。不

久電子及電腦周邊產業擴展到八德路及新生南路大小巷道，而古董店全面撤退。隨著鐵路地下化及及光華橋老舊，光華商場終在2006年初拆除。

生意鼎盛的澳門人古董攤

但古董市場不死，先前更早的時候，已在光華商場東側逐漸復活，這裡產生了一個只有在週末及週日營業的玉市，這個假日市場是自然形成的，並沒有確實的建市時間，原本是附近流動的玉器及古物攤販，政府乾脆在1987年成立假日玉市，來收容這些流動攤販。有趣的是，這個玉市的店家幾乎全由澳門人組成，不再是從前光華橋下的原始古董業者，商場生態與從前也大為不同。這個假日古董市集有如迷宮，內室裡還有小內室，地下室小徑曲折如地宮。

1 商場外側之瓷器攤 2 雜項古董攤 3 光華商場購買的風獅爺 4 光華商場購買的漢陶馬 5 商場之書畫卷軸 6 商場之民藝品小碟 7 商場之木雕片

　　市場裡的澳門人多半是福建籍，因早年有澳門人來台打工，假日順便擺攤，販賣從大陸家鄉帶來的玉器古物，那時台灣的古董市場需求大，澳門人帶來的東西品質也不錯，提供台北古董業很多貨源。澳門人的古董攤生意鼎盛，於是再把居澳門的鄉親拉來，通常莆田人賣玉，泉州人賣古董，他們彼此愛用閩南語和莆田話交談。

　　這個假日古董市集的東西，既是澳門人從中國進口，全是中國味的古文物，當彩陶在中國出土量多時，這裡也會出現不少彩陶，後來唐俑漢馬也曾大量出現，磁州窯、北宋青白瓷等也一批批地登場。但這些高古文物也不是長期供應，東西賣完也真的沒貨了，因為若是真品的彩陶、漢俑、唐馬、青瓷，會很快就被識貨的業者與藏家買走，一陣子後，古董攤就再也看不到這些東西了，畢竟真古董是有限的。最後攤位擺的大多是些仿古陶瓷、刻工嫌粗的木石雕、假玉器等等。店家也愛一再強調這是老件，唯有賴眼尖的客戶從一堆真假參差的貨中挑出寶貝。

　　我買過幾個宋代瓷器、磁州刻花盤與碗，都是釉質乾薄的白釉，細看開片有金絲鐵線，水份已因年代久遠而蒸發，拿在手上輕盈如白紙，一看一摸就知是真的老件。也是因為宋瓷價錢不貴，千元以內就可買到，因此我才放心買了幾只。

　　這個大陸出土文物大量外流期間,是購買高古品的黃金時期。一家八德路小巷內的古董店,它並沒有裝潢高雅的展示櫥櫃,東西都堆在地板上,我挑了一組三隻的唐代彩陶鎮墓獸,這種在博物館才看得到的文物,我以少許的代價就可輕易擁有。

　　在地下室小房間,我看到好幾個人圍在那裡,我也擠進去,原來是一位乾瘦的單幫客剛從大陸攜貨回來,熟識的客戶早來等候,準備開箱搶貨,各人所好不同,我搶到了一匹物美價廉的唐馬。可惜忘了向他要電話,後來再也碰不到他了。

變動下的台北古董市集

　　古董行家總是尋求先機的,我曾要求一位相貌忠厚的澳門人帶我去他家看貨,相信一定有更多的好東西,我想先下手為強,他寫了一個在三重的地址給我。一個下班後的晚上我按址找到那裡,那是間公寓,天啊!整屋子擺滿了各色古董,也有大尊的佛像,這不是個體戶的存貨,而是一間澳門人合夥的倉庫。

　　為什麼他們是澳門的福建籍呢?話說80年代以前,葡澳政府對於大陸移民留澳的規定較為寬鬆,許多大陸福建人移民申請到澳門依親居留,有些是文革時逃入澳門的,有六四民運時大批入澳的,也有為追求更好的生活依親到澳門的。這些大陸移民居澳七年之後,就有資格申請我駐澳單位所發的華僑證了。而1994年以前,依台灣的僑生戶籍登記法,港澳僑生可以來台定居。於是澳門的福建鄉親為了彼此照應,一個帶一個地移民台灣,而且群聚從事類似的行業,重覆上演著明清時代的唐山移民史。這些澳門人的身份多重,同時擁有葡萄牙身

份證、澳門居民證及中華民國護照等證件，到不同的地方就拿出適合的證件。澳門人來台久了之後大多有能力置產，居住在台北縣房價較低的地方，如蘆洲、土城、三重等地。

光華古董商場
地址／台北新生北路、市民大道、八德路之間相圍的三角地帶
市場特色／古董及玉器
時間／週六及週日
交通／市公車(光華商場站)：72、109、115、203、214、222、226、254、280、290、505、642、643、668、675、676、5中和－淡海、松江幹線

　　澳門人古董的貨源多，以單幫客的方式，源源不斷地進貨到台灣來，又能吃苦耐勞，除假日在台北擺攤，平時這些澳門人也全台各處賣古董。

　　古董文物只要是真品就不錯了，檔次的上下只是關係到價錢的高低，台北光華商場的古董也曾貨純物真，在中國經濟起飛之前，大陸的古董文物很多經由澳門人的管道流到台灣，各種稀奇古怪的文物都曾出現，嗜古者若常到此尋覓，總有意外發現，而老物件都是獨一的，很快會被識貨者買走，唯有勤奮者會有機會。台北古董市集的生態風貌在三十年內變動不斷，光華商場我看著它開始，也看著它拆除，我曾在這裡度過了無數閒暇的假日，獲得不少尋寶的快樂。現在光華商場假日玉市雖然舊貨少而仿品多，但總算是個古董市集，還可以大海尋珠。然而舊書攤在拆橋後就不曾聚集成舊書市場，殊為可惜。也許就如業者所說：「舊書生意從二十五年前就不再成長了」。

1 各式佛像 2 商場之玉器攤 3 外側走廊之玉器攤 4 雜項古董攤

台北的三普、大都會及昭和町古董商場 ◆

> 大都會、三普及昭和町古董商圈各有不同的層次與趣味。以收藏價值來說，檔次較低的民藝品，通常較真；而中、高檔的中國古董，則偽仿品較多……。

　　古董商場是在一個商場內聚集多家小古董店，這些古董店的地點固定，店面通常不大，賣的是小件古董，少有家具、石雕等類的大型古董，一星期營業五、六天。世界各地的大城市皆有古董商場，尤以歐洲為多，而對古董甚為熱愛的英國，在倫敦即有多達二十座的古董商場，連小城鎮也都有古董商場。台灣愛玩古董的人口雖不多，但台北也有三座古董商場，在其他縣市則無。

三普古董商場

　　因為光華商場的古董市場區域性格，1986年在此商圈內成立了三普古董商場，是台北最早的一座現代化古董商場，當時正逢大陸開放之際，大陸古董量多又便宜，台灣古董商大舉湧進大陸尋寶，每月有數個貨櫃進口，此時八德路、新生南路及小巷內出現了多家古董店，其中新生南路巷子內的七、八家古董店還聯合刊登廣告，號稱古董街。當時三普古董商場就在一棟新大廈的地下樓開張，有現代化明亮的空間及空調，展售一些瓷器或雜項等小件古董文物，從此愛好古董的人又多了一個去處。

1 三普古董商場大門 2 三普古董商場吉祥齋之邱先生 3 三普古董商場內展示的打坐觀音

　　步下階梯，入口不遠處的「吉祥齋」是商場首批進駐者，店內多高古歷史價值之物，我曾在此買過一尊80公分高的木觀音及漢綠釉罐子，店主邱富聰感嘆說，從前的藏家早不見蹤影，新生代藏家也還未出現，台灣古董的價錢長期低迷。他以前常跑香港找貨，後來香港古董價錢節節上升，不符成本，改向台灣同業進貨。

　　我問：「雖說不景氣，但我看三普的店面從沒有空置過。」

　　「三普都是老店家，很少有變動換人的，因為店面大多是自己的，手上又有些存貨，成本開銷都低，在景氣不好的時候還能撐著，盼望景氣能早日翻轉。」

　　他說他這些高古陶瓷從前價值高昂，可是現在不是炒作主流，價錢低得比新品還便宜。他強調古董的價格，完整者與缺陷者差很多，有修補者他一定會誠實告訴客人，並以缺陷價錢賣，避免日後引發糾紛。

　　我雖常到光華商場逛，但也不是每次都會逛進三普，因為經常只看不買，終會令店主生厭的。所以我大多看看櫥窗，並從門外引頸探入，以我尚稱不壞的視力，看看有無特別喜愛

之物，幸好古董商場的店面坪數皆不大，又有透明玻璃櫥窗，容易看個大半，若有令人眼睛一亮的物件再進入細看，否則就過門而不入。有時店家在門口親切招呼，這時我也會順勢進去參觀，所以店家的招呼還是有利行銷的，但古董行業從不積極拉客，因為玩古董的人自有特定族群，非我族類，再如何熱情招呼也沒用，古董店是不需靠人潮做生意的店家。

而附近的光華玉市古董商場是開放空間的攤位，人潮流量大，即使每週去逛，店主也不會多看你一眼。光華玉市古董商場店家大多是澳門人，而一街之隔的三普古董商場店家則全是台灣人，雖都是古董行業，族群分布卻涇渭分明。

雖然台灣歷經十年的經濟衰退，又逢世界金融海嘯，如今八德路及新生南路小巷的古董店大多歇業，但三普古董商場仍持續營業，始終沒有空置的店。

大都會古董商場

大都會古董商場1990年當信義計畫區只有計畫而尚未有影子時，在世貿中心斜對面的大廈轟轟烈烈地成立了大都會古董商場。也許因事前曾作過令人心動的開幕廣告，我在期待多日的盼望下，第一天就興沖沖地跑去參觀了，那時郭良蕙女士應邀剪彩，剪彩後一群西裝革履的古董界大老陪著她巡場。郭良蕙原本是寫小說的作家，因嗜好文物而轉寫古董散文，並集結出書，其系列書籍在古董業界幾乎人手一冊，她作家身份並兼古董專家，被古董界尊稱為郭老師。

由於大都會古董商場格局寬敞，冷氣空調舒適，從此便成為我閒暇最常去逛的一個地方。我在這個時期的大都會，買過二匹唐三彩馬、木雕片等物。在古董界有人買進唐三彩通常是個笑柄，因為唐三彩實在太稀有了，欲求真品，如同緣木求魚。店主為了取信於我，示範了以濕布擦拭唐三彩馬匹，再以鼻吸聞擦拭部位，若有土溼霉味，則鑒定為出土真品，我雖然半信半疑，但我太喜歡這種高古古董了，不可抗拒地買進。但事後證明還是贋品，我憤而以鐵錘敲碎，眼不見為淨。

1 三普古董商場內部一景 2 三普古董商場之北宋水注 3 大都會古董商場大門 4 大都會古董商場之如意 5 大都會古董商場之香道具 6 大都會古董商場內部

　　可是在信義計畫區的大都會古董商場不到三年就關閉，據說是租約到期被地主收回，有的店家乘機另覓獨立場地開店，如亞細亞佳等，而大部分店家則集體轉赴松江路291號地下樓重新開張，仍舊取名大都會古董商場。然而搬遷後的大都會營業尚未順遂，不到二年竟遭颱風淹水，業者損失慘重，尤以經營古籍字畫者為最。之後的大都會古董商場則鴻圖大展，聚集了五十多家古董店而無空店，成為台北市最大的古董商場，展售項目網羅中國的陶瓷器、古玉、珠寶、字畫、金石、竹木、牙雕、銅器、茗壺、文房四寶、佛教文物、水晶、雜項乃至於香道等，皆是中高檔古董而無低檔的台灣民藝品，然而中高檔的中國古董價錢高昂，偽仿品多，購買時千萬要小心。

　　近年，日本古董在台灣興起，所以在大都會可看到不少日本古董，甚至有幾家日本古董專賣店，若店家幾天閉門歇業，通常是赴日尋貨去了。有些日本古董形制很像中國古董，常被當作中國古董賣，畢竟中國古董在台灣是較被接受且價昂的，客人若事前發現疑惑，店家則解釋，是早期日本委託中國師傅代工的。

1 台北昭和町古董店之老東西－雜貨店之老招牌 2 台北昭和町古董店之彭店主 3 昭和町內之復國之聲 4 台北昭和町古董店之老電影海報 5 台北昭和町古董店之老東西－手搖電話、手工剉冰機及老鐘等 6 7 台北昭和町古董店之老玩具

昭和町古董商圈

因時代的變化，民眾買菜傾向前往光鮮新穎的超級市場，各地的傳統市場大多趨於沒落，昭和町古董市場原是老舊面臨歇業的錦安傳統市場，因緣際會之下，成了一個充滿了濃濃懷舊風情的「昭和町文物古董市場」。由於這個社區在日治時代就叫做昭和町，市場舊名為昭和市場，1984年重新建造，改稱龍安市場，80年更名為錦安市場，一樓是菜肉攤，二樓以上為圖書館及活動中心，古物店家們沿用了昭和町這個充滿懷舊意味的名稱。這裡便成了另類的尋寶樂園。

人稱「阿杉」的古董業者林俊杉是最早進駐市場的，阿杉這種在菜市場開古董店的創意，其實是因為當初市場租金便宜，經營成本低，想不到後來多位同業朋友跟著來開店。市場建築在白天的確是座市場，有活生生鳴叫的雞鴨、溫體的豬肉，以及各色的蔬菜水果。但是一到下午，古董舊貨店卻一一開張，古董與雞鴨共存，其異味常令尋寶者掩鼻而過，場面有點令人啼笑皆非。但後來菜肉攤趨弱，而古董店增多，消長的現象使古董商場變為更純粹，古董店頭多在午後開市，晚上則眾店齊開，這裡的店家像其收藏的台灣民藝品，也甚有人情味，彼此常串門子相互走動。

這裡的古董店很多是未取店名，即便有招牌，好像也是掛著好玩的，高懸招牌「裕美冰菓室」、「裕春行」及「松成商行」的幾家店，店內貨品多半是日治時代至光復初年的藏品，像是鐵皮玩具、機器人、票券、電影海報及專利招牌等經典懷舊商品。大門掛「復國之聲」招牌的，其實是塊廣播電台的匾額，店內賣的是黨國、軍政文物。其他不少店家竟看不到招牌店名。

我恭敬地問專賣日本古董的老張：「請問貴寶號？」

老張客氣地說：「我那麼小的店，還要有招牌？歹勢啦。」

1 火金姑工作室專賣老燈具 2 昭和町古董商場 3 青康藏書房 4 蠹行文化聚合古書店 5 昭和町古董商場 6 專賣老茶的店e-2000 7 昭和町阿杉先生 8 阿杉的古董店

　　但他們總括的特色是台灣民俗文物味，庶民生活物品。在這裡可以找到許多童年遺忘的記憶與歡笑。這裡「老玩具」的收藏，相較台北市其他地方算是齊全的。就收藏價值來説，昭和町文物檔次較低但貨品較真。

　　昭和町的古董商場成形後，店租就跟著提高了一、二倍，阿杉遂將店面遷至斜對角，繼續他全年無休的營業。阿杉原本在企業界上班，喜好古董文物收藏，十餘年前他假日都窩在光華商場尋寶，後來由收藏轉入經營，由兼差變為職業，早年做的是台灣民藝品，後來台灣民藝品逐漸缺貨，於是中國與日本古董也都買賣，只要東西是老的又有特殊性的就做。他的店與眾不同，整天播放著旋律優美的西洋古典音樂，附近同業總喜歡到這裡聚集聊天。

饒富趣味的永康街商圈

　　昭和町周邊巷弄內遺留了一些早期屋子，甚至日治時代老房子，甚多台、師大教授寓居於此，可謂文風鼎盛之區。早在1990年代初期，這裡就聚集了一些台灣民藝品味的古董店。十餘年來幾經變化，如今永康街巷弄內有兆陽堂古木雕、小四日本古美術、火金姑古董燈工作室、青康藏書房、敏竹梅芭西藏文物店等。麗水街有珍藏中國古董、極樂鳥西洋古董店及錦榮堂中國古董。永康街有觀荷文物店、畫庫及一票人畫廊。青田街有蠹文化聯合古書店、天璽堂等。這些古董文物店相當多元，包括了台灣古董、中國古董、西洋古董、日本古董、古董燈及舊書等等。

　　在這種充滿町味的場所，也出現了多家風味別緻的咖啡店及茶屋，開咖啡屋或古董店都是有浪漫情懷店主人的夢想，也是顧客溫馨寄情之地。此外有幾家小餐館，在令人微醺的燈光下，小小的空間裡顯得十分浪漫迷離，連新疆烤肉店鴻疆石也佈置得像居酒屋一般。來到這裡，心情與步調自然悠緩下來。

大都會古董商場
地址／台北市松江路291號地下樓
店家數／50家
營業時間／週二至週日10：00-19：00
交通／市公車(民權松江路口站)：5、26、41、49、72、109、203、214、222、277、279、280、527、612、642、博愛公車、松江幹線

三普古董商場
地址／台北市新生南路一段14號地下樓
店家數／25家
營業時間／週二至週日10：00-19：00
交通／市公車(光華商場站)：72、109、115、203、214、222、226、254、280、290、505、642、643、668、675、676、5中和－淡海、松江幹線

昭和町文物市集
地址／台北市永康街60號
電話／23214896
規劃攤位數／35
營業時間／全年無休，14：00-21：00
交通／公車（師大一站）／15、18、74、235、237、254、278、295、662、663、672、907、和平幹線

附錄 ✚ 在徽州尋寶的台灣人

錦福、老張與我計畫一趟安徽的古董之旅,他們都是台灣資深的古董業者,而且早就搶進大陸,在上海開業了。雖然大陸是中國古董的原產地,可是這年頭貨源似已竭盡,連大陸的古董店裡也遍尋不著好貨,所以錦福與老張這次決定聯袂親自下鄉尋寶,前往自古文風鼎盛的古徽州地區。

我們從上海搭長途巴士到達安徽屯溪,然後準備租車,找了好久才找到租車公司,不過因為老闆不在,員工無法作主,我們退而找別家公司,當我們在路上徘徊之際,該租車公司的業務經理騎車從後頭追來:

1 黟縣宏村鹽商汪定貴之承志堂,福字高掛,意在享福。**2** 徽州公路旁的古玩店 **3** 查濟之古玩店

218

「喂！你們是不是在找古董，我朋友那裡倒有一些，我可以帶你們去看。」

我們嚇了一跳，忙不迭地否認。

「不是、不是，我們只是來玩的。」

「假如有需要買古董，可以來找我，我就在租車公司，這是我的名片。」

他並不相信我們不是在找古董，主動遞送一張名片過來。

我們三個都知道，這肯定是個陷阱，我們若隨他去，一定會任人宰割的。大陸古董業的陷阱很多，不小心會死得很慘，錦福在大陸跑古董已經十幾年，這樣的場面看多了。

我們租到了一輛老爺車，開著車在黃山山區裡奔波，沿途大多是荒山野嶺，但在這種鄉下的公路旁竟有不少古玩店，多到像土產店一樣。我一時大為興奮，安徽果然有很多古董文物。我很想停車進去一探究竟，但錦福與老張皆不為所動，毫無停車逛店之意，面無表情地說：「相信這裡沒有一家有好東西，都是新貨與假貨，騙外行人的，這類的古玩店我們早就看多了。」

當晚，我們夜宿黃山，到旅店隔壁的小館子吃晚餐，旅店的老闆娘若無其事般地逛進飯館，湊進來一起聊天，我們告訴她：「我們專程過來看古建築的，不知那裡有未曾整修過的古宅，像歙縣、宏村那種有名的地方，建築物都已過分整修了，我們不喜歡。」

老闆娘：「我可以當導遊，帶你們去找古屋。」

雖然我們沒有表示找古董的意圖，但似乎已被她識破，她直接就說：「我先生有收藏古董。」

　　她已切中我們要害，然後轉頭招呼他先生，一個長相斯文的男士馬上過來，原來旅店老闆早在一旁伺機等待了，靜待客人上鉤，他過來與我們隨便寒暄一下，然後就開始聊起古董的話題，還說他自己也收藏了一些古董。

　　這下子我們幾乎要崩潰了，怎麼當地每個人都知道我們在找古董，我們的古董之旅才一開始就露餡了，我們的企圖竟眾人皆知，我們在明，他們在暗，甚至人家早猜測我們可能身懷巨款呢。我們確實是處於險境，想到這裡，我也嚇了一身冷汗。老張很鬱卒，心想以他的精明老練，怎麼一下子就被識破又被盯住了呢？做古董買賣的人都是生意中的生意人，是最精明的商人啊！

　　我們也不用再刻意掩飾，真人不說假話，老張終於忍不住，直截了當地問：「為什麼我們走到哪，人家都知道我們在找古董？我們又沒講，臉上也沒寫古董二個字，為什麼會被看得出來？」

　　年輕又世故的旅店老闆笑説：「基本上，平常會來這裡的只有二種

人：遊客與古董商，你們看來又不像遊客打扮，也不像出差的公務人員，那不就是古董商嘛！不同身份的人都有他的特徵形象，一看就知道。全中國的人都相信徽州蘊藏豐富的文物，來尋寶的人始終絡繹不絕，其實這時候來都太晚，現在已很難找了。」

交談過後，旅店老闆知道我們是內行人，要的是古董精品，不要騙人的假古董，即不再誘導我們去看他的古董，彼此摸清了底細，一切都點到為止。

我們遊歷了徽州的幾個古村鎮：歙縣、黟縣、宏村、呈坎、唐模、查濟及黃山市等地，這些村鎮古建築鱗次櫛比，明清時徽州文風昌盛，官宦商賈廣建住宅、祠堂、廟宇等，這些古代民居至今仍保留完整，外形全是青磚黑瓦白牆，重重疊疊的山牆，雕樑畫棟均繁刻精鏤。如此高度文化水平，又維護完整的地方，人人皆以為有古董可尋，其實文革時期的摧殘破壞，使得珍貴文物早已殆盡。但今日還是有人來尋寶，於是當地人開設古玩店像土產店一樣，迎合尋寶者的需求。所以我們的安徽古董之旅，確實來得太晚了。

我們的古董之旅如此走了二天，看了那麼多古村鎮，卻一無所獲，最後我們奔向最偏僻的查濟村。我們的破車在荒山野外奔馳了好久，因為地處偏遠，路上指標又不多，經過多次的探聽，終於在日落之前趕到。一入村子，即有一座徽州大古宅映入眼前，旁有田畝，少見人影，只是雞犬聲遙相聞。偶見二、三村民在屋簷下整理桑蠶，正如東晉陶淵明在〈桃花源記〉的敘述：「豁然開朗，土地平曠，屋舍儼然，有良田、美池、桑竹之屬。」

查濟居民大多姓查，祖先從山東濟南遷來，所以村鎮取名查濟。從前查濟文風鼎盛，獲取科舉仕途的人不少，在鎮上興建了不少豪門宅

2

3

1 查濟之建築，黑瓦白牆。2 徽州的婺源古鎮，正在整修古宅。

第，處處是秀麗的山牆樓閣及雕樑畫棟的建築，整個村鎮都保持著明清時代的原始風貌。村子唯一的一條小街，商店不多卻有多家古玩店，趁天色未暗，我們遂逐一參觀，但是卻又找不到好古董。即使是徽州知名的木刻或花窗板，也都是些刻工嫌粗、鑲工嫌俗之物。

其中有家規模最大的古董店，樓上附設旅店，老闆朱先生長得帥氣斯文，人又謙和，顯現知書達禮的氣質，我們入內參觀之後決定晚上在那裡投宿，順便可以跟老闆查先生多聊一些。

我們直接表明專程來尋覓古董之意，朱老闆感嘆說：「查濟表面風光，但內部文物已空。因為查濟在近代經歷過二次災難，第一次是太平天國南京敗北時，撤退的太平軍途經查濟，因查濟是個富裕城鎮，怕被劫掠，所以鄉民組成民防團保護，但民防團不敵太平軍，查濟遂被洗劫一空。第二次是近代的文化大革命，查濟的字畫被燒了三天才燒完，陶瓷器共打了五天才打盡，查濟本有十幾座漂亮的牌坊全被拉倒，所以查濟的古董文物基本上已被破壞殆盡了。」

我們在朱老闆的店內掃瞄著每樣東西，但這些絕大部分是新仿或贋品，熟悉瓷器的老張注意到一組八只的小瓷碗，要當碗太小，若作酒杯則嫌太大，最後他認為拿來喝普洱茶最適當。老張拿起放大鏡仔細地看，確認是清光緒年間的真品，因為價錢並不貴，老張便像撿到寶似地買下，還為此偷笑了一整天。

第二天早晨起床，朱老闆慎重地拿出一個珍貴的錦盒，裡面有一支瓷瓶及幾個小碗，瓷瓶是明朝宣德窯青花花卉執壺。朱老闆說：「找古董若非熟客，人家也不會馬上把好東西拿出來。昨天我原本沒給你們看，後來看你們真內行，也真心找貨，所以現在才拿出來。世人愛說人短，口德差，讓人品頭論足談論是非，會把東西看爛。」

老張專營陶瓷，對這類精緻瓷器有興趣，一看是明瓷，立刻望之屏息，但掩不住心頭的激動，因而板起面孔。他拿出放大鏡仔細地看瓶口，然後又用鑰匙輕放瓶口拖過，拖了幾次後，最後他失望地說：「這瓶口修補過，復窯的。但還是有價值，可以賣不少錢。」老張安慰老闆。

　　我也好奇拿起瓶子，檢查瓶口，我心想，若有修補過，無論如何也會有痕跡吧。可是真奇妙，我再怎麼看，也看不出修補的痕跡。我趕緊問老張：「那瓷器瓶口是怎麼修補的，怎會絲毫看不出痕跡？」

　　老張回答：「瓶口修補後，要再上釉，用釉把修補接痕填好，儘可能看不到接痕，再低溫燒過，就成了，若用高溫燒，會燒爆。因為補的釉會比較厚，我用鑰匙滑過，可以感覺突起的釉。」

　　朱老闆大概心裡有數，也不太意外，神色自若地說：「佩服、佩服，這確實有修補過。」

　　而另一個小碗，老張則說：「這個是贗品。」

　　朱老闆這下卻滿臉驚訝，臉色鐵青，顯然出乎意料之外，連忙追問原因。

　　老張：「碗內陰刻花蕊的筆畫不流利，若是真品，不可能會有這種線條，畫匠在模仿時，一面看原圖一面仿畫，看一眼畫一段，線條的流利性就中斷了。」

　　朱老闆人謙虛客氣，並不老羞成怒或急於爭辯，只是面露無奈地說：「唉！我們到民家買東西啊！看到了就要趕快做決定，無法細查，倘若等到晚上，民家外出做工的兒子回來，常常就阻擋不賣了。」

　　朱老闆在本地開店兼當古董販子，古董販子各處跋涉尋覓，直接向民家求購古物，雖可以第一手買到東西，有機會挖掘到隱埋的寶貝，但民眾常高估自家的古物，反而難以溝通。有時候又常須大批統包買進，好壞皆概括承受，不能挑選也不能退貨，風險全靠運氣。所以為了節省時間精力，錦福與老張寧可到古董店尋貨批購，不但可以精挑細選，又可退貨，少風險，只是單價高。

　　我們的徽州古董之旅花了三天，尋尋覓覓，既期待又怕受騙，雖然沒找到什麼好東西，但看到此等絕色風景也算不虛此行。臨別之際我們央求朱老闆，下回若有好物件請優先通知我們。

國家圖書館出版品預行編目資料

世界著名跳蚤市場與古董市集
／莊仲平 著.--初版.
-- 臺北市：藝術家，2010.01
224面；17×24公分.--

ISBN　978-986-6565-69-4（平裝）

1.古物市場

790.75　　　　　　　　　　98025447

世界著名跳蚤市場與古董市集
Exploring the World Famous Flea & Antique Markets

莊仲平 著

發行人　何政廣

主編　王庭玫

編輯　謝汝萱

美編　曾小芬‧張紓嘉

封面設計　曾小芬

出版者　藝術家出版社

台北市重慶南路一段147號6樓

TEL：(02) 2371-9692～3

FAX：(02) 2331-7096

郵政劃撥　01044798 藝術家雜誌社帳戶

總經銷　時報文化出版企業股份有限公司

新北市中和區連城路134巷16號

TEL：(02) 2306-6842

南區代理　台南市西門路一段223巷10弄26號

TEL：(06) 261-7268

FAX：(06) 263-7698

製版印刷　欣佑彩色製版印刷股份有限公司

初版　2010年1月

再版　2011年3月

定價　新台幣380元

ISBN　978-986-6565-69-4